L'homme qui était jeudi

un cauchemar

GK Chesterton

Writat

Diese Ausgabe erschien im Jahr 2024

ISBN : 9789359948072

Herausgegeben von
Writat
E-Mail: info@writat.com

Contenu

L'HOMME QUI ÉTAIT JEUDI
UN CAUCHEMAR

À Edmund Clerihew Bentley

Un nuage était dans l'esprit des hommes, et le temps se lamentait,
Oui, un nuage malade sur l'âme quand nous étions garçons ensemble. La
science annonçait la non-entité et l'art admirait la décadence ; Le monde
était vieux et terminé : mais toi et moi étions gays. Autour de nous dans un
ordre antique, leurs vices paralysés sont venus : la convoitise qui avait
perdu son rire, la peur qui avait perdu sa honte. Comme la serrure blanche
de Whistler, qui éclairait notre obscurité sans but, les hommes montraient
leur propre plume blanche aussi fièrement qu'un panache. La vie était une
mouche qui s'estompait, et la mort un drone qui piquait ; le monde était en
effet très vieux quand vous et moi étions jeunes. Ils ont tordu même le
péché décent en formes qui ne doivent pas être nommées : Les hommes
avaient honte de l' honneur ; mais nous n'avions pas honte.
Si nous étions faibles et insensés, ce n'est pas ainsi que nous avons échoué,
pas ainsi ; lorsque ce Baal noir a bloqué les cieux, il n'a eu aucun hymne de
notre part. Enfants, nous étions - nos forts de sable étaient même aussi
faibles que nous, aussi haut qu'ils montaient, nous les avons entassés pour
briser cette mer amère.Fools comme nous étions en motley, tous tintants et
absurdes,Quand toutes les cloches de l'église étaient silencieuses, notre
casquette et nos cloches ont été entendues.

Ce n'est pas sans aide que nous avons tenu le fort, nos minuscules
drapeaux déployés ;
Certains géants ont travaillé dans ce nuage pour le sortir du monde.
Je retrouve le livre que nous avons trouvé, je sens l'heure qui lance au loin
du Paumanok en forme de poisson un cri de choses plus propres ;
Et l'œillet vert s'est flétri, comme dans les incendies de forêt qui passent, a
rugi dans le vent du monde entier dix millions de feuilles d'herbe ; ou sain
d'esprit et doux et soudain comme un oiseau chante sous la pluie – la vérité
de Tusitala a parlé et le plaisir de douleur.
Oui, frais et clair et soudain comme un oiseau chante dans le gris, Dunedin
a parlé à Samoa, et l'obscurité jusqu'au jour. Mais nous étions jeunes ; nous
avons vécu pour voir Dieu briser leurs charmes amers. Dieu et la bonne
République reviennent en armes : Nous avons vu la ville de Mansoul , alors
même qu'elle tremblait, soulagée —
Bienheureux ceux qui n'ont pas vu, mais étant aveugles, ont cru.

C'est une histoire de ces vieilles peurs, même de ces enfers vidés, et nul

autre que vous ne comprendra la vérité qu'elle raconte : de quels dieux
colossaux de la honte pouvaient intimider les hommes et pourtant s'écraser,
de quels énormes diables cachaient les étoiles, et pourtant est tombé à un
éclair de pistolet.
Les doutes qui étaient si simples à chasser, si terribles à résister... Oh, qui
d'autre que vous comprendra ; oui, qui comprendra ? Les doutes qui nous
ont conduits toute la nuit pendant que nous parlions ensemble , et
le jour s'était levé dans les rues avant de percer le cerveau. Entre nous, par
la paix de Dieu, une telle vérité peut maintenant être Oui, il y a de la force à
prendre racine et du bien à vieillir. Nous avons enfin trouvé des choses
communes, un mariage et un credo, et je peux l'écrire en toute sécurité
maintenant, et vous pouvez le lire en toute sécurité.

GKC

CHAPITRE I.
LES DEUX POÈTES DE SAFRAN PARK

La banlieue de Saffron Park se trouvait du côté du coucher de soleil de Londres, aussi rouge et déchiquetée qu'un nuage de coucher de soleil. Il était entièrement construit en briques brillantes ; sa ligne d'horizon était fantastique et même son plan au sol était sauvage. Il s'agissait du déchaînement d'un bâtisseur spéculatif, légèrement teinté d'art, qui appelait son architecture tantôt élisabéthaine, tantôt reine Anne, apparemment sous l'impression que les deux souverains étaient identiques. Elle a été décrite avec une certaine justesse comme une colonie artistique, même si elle n'a jamais produit d'art d'une manière définissable. Mais même si ses prétentions à être un centre intellectuel étaient un peu vagues, ses prétentions à être un lieu agréable étaient tout à fait incontestables. L'étranger qui regardait pour la première fois les maisons rouges pittoresques ne pouvait que penser à la forme très étrange des gens qui pouvaient s'y intégrer. Et lorsqu'il rencontrait les gens, il ne fut pas non plus déçu à cet égard. L'endroit était non seulement agréable, mais parfait, s'il pouvait le considérer non pas comme une tromperie mais plutôt comme un rêve. Même si les gens n'étaient pas des « artistes », l'ensemble était néanmoins artistique. Ce jeune homme aux longs cheveux auburn et au visage impudent, ce jeune homme n'était pas vraiment un poète ; mais c'était sûrement un poème. Ce vieux monsieur à la barbe blanche et sauvage et au chapeau blanc et sauvage, ce vénérable imbécile n'était pas vraiment un philosophe ; mais du moins il était la cause de la philosophie chez les autres. Ce monsieur scientifique avec la tête chauve en forme d'œuf et le cou nu comme celui d'un oiseau n'avait aucun droit réel aux airs de science qu'il prenait. Il n'avait rien découvert de nouveau en biologie ; mais quelle créature biologique aurait-il pu découvrir plus singulière que lui ? Ainsi, et ainsi seulement, l'ensemble du lieu devait être correctement considéré ; il fallait le considérer non pas tant comme un atelier d'artistes que comme une œuvre d'art fragile mais achevée. Un homme qui pénétrait dans cette atmosphère sociale avait l'impression d'être entré dans une comédie écrite.

Plus particulièrement, cette irréalité attrayante lui tombait dessus à la tombée de la nuit, lorsque les toits extravagants étaient sombres sur la lueur rémanente et que tout le village insensé semblait aussi séparé qu'un nuage à la dérive. Cela était encore plus vrai lors des nombreuses nuits de fête locale, lorsque les petits jardins étaient souvent illuminés et que les grandes lanternes chinoises brillaient dans les arbres nains comme des fruits féroces et monstrueux. Et cela fut surtout fort lors d'une soirée particulière, encore vaguement rappelée dans la localité, dont le poète aux cheveux auburn était le héros. Ce n'était pas du tout la seule soirée dont il était le héros. De nombreuses nuits, les passants dans son petit jardin pouvaient entendre sa voix haute et didactique dicter la loi aux hommes et particulièrement aux femmes. L'attitude des femmes dans de tels cas était en effet un des paradoxes du lieu. La plupart des femmes appartenaient à ce qu'on appelait vaguement des émancipées et manifestaient une certaine protestation contre la suprématie masculine. Pourtant ces nouvelles femmes feraient toujours à un homme le compliment extravagant qu'aucune femme ordinaire ne lui fait jamais, celui de l'écouter parler. Et M. Lucian Gregory, le poète aux cheveux roux, était vraiment (dans un certain sens) un homme qui méritait d'être écouté, même si l'on ne faisait que rire à la fin. Il a mis le vieux jargon sur l'anarchie de l'art et l'art de l'anarchie avec une certaine fraîcheur impudente qui a procuré au moins un plaisir momentané. Il a été aidé dans une certaine mesure par la bizarrerie saisissante de son apparence, qu'il a exploitée, comme le dit l'expression, pour tout ce qu'elle valait. Ses cheveux rouge foncé séparés au milieu ressemblaient littéralement à ceux d'une femme et se courbaient en boucles lentes d'une vierge dans une image préraphaélite. Cependant, à l'intérieur de cet ovale presque saint, son visage se projetait soudainement large et brutal, le menton avancé avec un air de mépris cockney. Cette combinaison chatouillait et terrifiait à la fois les nerfs d'une population névrosée. Il ressemblait à un blasphème ambulant, un mélange d'ange et de singe.

Cette soirée particulière, si l'on ne se souvient de rien d'autre, restera dans ce lieu dans les mémoires pour son étrange coucher de soleil. Cela ressemblait à la fin du monde. Tout le ciel semblait couvert d'un plumage tout à fait vif et palpable ; on pouvait seulement dire que le ciel était plein de plumes, et de plumes qui effleuraient presque le visage. Sur la plus grande partie du dôme , ils étaient gris, avec les teintes les plus étranges de violet et de mauve et un rose ou un vert pâle contre nature ; mais vers l'ouest, l'ensemble devenait indescriptible, transparent et passionné, et ses derniers panaches brûlants couvraient le soleil comme quelque chose de trop beau pour être vu. L'ensemble était si serré autour de la terre, qu'il n'exprimait qu'un violent secret. L'empyrée lui-même semblait être un secret. Il exprimait cette splendide petitesse qui est l'âme du patriotisme local. Le ciel lui-même semblait petit.

Je dis qu'il y a des habitants qui se souviennent peut-être de la soirée, ne serait-ce que par ce ciel oppressant. Il y en a d'autres qui s'en souviennent peut-être car il s'agit de la première apparition à la place du deuxième poète de Saffron Park. Longtemps le révolutionnaire roux avait régné sans rival ; ce fut la nuit du coucher du soleil que sa solitude prit fin brusquement. Le nouveau poète, qui se présentait sous le nom de Gabriel Syme, était un mortel d'apparence très douce, avec une barbe blonde et pointue et des cheveux jaunes clairs. Mais l'impression s'est développée qu'il était moins doux qu'il n'en avait l'air. Il marqua son entrée en différant avec le poète établi Gregory sur toute la nature de la poésie. Il disait qu'il (Syme) était un poète du droit, un poète de l'ordre ; bien plus, il disait qu'il était un poète respectable. Alors tous les Saffron Parkers le regardèrent comme s'il était tombé de ce ciel impossible.

En fait, M. Lucian Gregory, le poète anarchique, a relié les deux événements.

« Il se pourrait bien, dit-il avec son air soudain et lyrique, que ce soit par une nuit si nuageuse et si cruelle que naisse sur la terre un présage tel qu'un poète respectable. Vous dites que vous êtes un poète du droit ; Je dis que vous êtes une contradiction dans les termes. Je me demande seulement qu'il n'y ait pas eu de comètes ni de tremblements de terre la nuit où vous êtes apparu dans ce jardin.

L'homme aux doux yeux bleus et à la barbe pâle et pointue supportait ces tonnerres avec une certaine solennité soumise. La troisième personne du groupe, Rosemonde, la sœur de Gregory, qui avait les tresses rousses de son frère, mais un visage plus gentil en dessous, riait avec un mélange d'admiration et de désapprobation tel qu'elle le disait communément à l'oracle familial.

Grégory reprit avec une grande bonne humeur oratoire .

« Un artiste est identique à un anarchiste », s'écrie-t-il. « On peut transposer les mots n'importe où. Un anarchiste est un artiste. L'homme qui lance une bombe est un artiste, car il préfère à tout les grands moments. Il voit combien plus précieux est un éclat de lumière flamboyante, un coup de tonnerre parfait, que les simples corps ordinaires de quelques policiers informes. Un artiste méprise tous les gouvernements, abolit toutes les conventions. Le poète ne se plaît qu'au désordre. S'il n'en était pas ainsi, la chose la plus poétique au monde serait le chemin de fer souterrain. »

"Il en est ainsi", a déclaré M. Syme.

"Absurdité!" dit Gregory, qui était très rationnel lorsque quelqu'un d'autre tentait le paradoxe. «Pourquoi tous les employés et navigants des trains ont-ils l'air si tristes et fatigués, si tristes et fatigués ? Je vais vous dire. C'est parce qu'ils savent que le train va bien. C'est parce qu'ils savent que quel que soit l'endroit où ils ont pris un billet pour cet endroit, ils y parviendront. C'est parce qu'après avoir dépassé Sloane Square , ils savent que la prochaine station doit être Victoria, et rien que Victoria. Oh, leur ravissement sauvage ! oh, leurs yeux sont comme des étoiles et leur âme à nouveau dans Eden, si la prochaine station était inexplicablement Baker Street !

«C'est vous qui n'êtes pas poétique», répondit le poète Syme. « Si ce que vous dites des commis est vrai, ils ne peuvent être qu'aussi prosaïques que votre poésie. Ce qui est rare, ce qui est étrange, c'est d'atteindre le but ; la chose la plus grossière et la plus évidente est de le rater. Nous pensons que c'est épique lorsqu'un homme avec une flèche sauvage frappe un oiseau lointain. N'est-ce pas aussi épique quand un homme avec un moteur sauvage heurte une gare lointaine ? Le chaos est ennuyeux ; car dans le chaos, le train peut effectivement aller n'importe où, à Baker Street ou à Bagdad. Mais l'homme est un magicien, et toute sa magie réside dans le fait qu'il dit Victoria, et voilà ! c'est Victoria. Non, prenez vos livres de simple poésie et de prose ; laissez-moi lire un horaire, avec des larmes de fierté. Prenez votre Byron, qui commémore les défaites de l'homme ; donnez-moi Bradshaw, qui commémore ses victoires. Donnez-moi Bradshaw, dis-je ! »

« Dois-tu y aller ? » » demanda Grégory sarcastiquement.

« Je vous le dis, poursuivit Syme avec passion, chaque fois qu'un train arrive, j'ai l'impression qu'il a brisé les batteries des assiégeants et que cet homme a gagné une bataille contre le chaos. Vous dites avec mépris que lorsqu'on quitte Sloane Square, il faut venir à Victoria. Je dis qu'on pourrait faire mille choses à la place, et que chaque fois que j'y viens vraiment, j'ai l'impression de m'échapper de la longueur d'un cheveu. Et quand j'entends le garde crier le mot « Victoria », ce n'est pas un mot dénué de sens. C'est pour moi le cri d'un héraut qui annonce la conquête. C'est bien pour moi « Victoria » ; c'est la victoire d'Adam.

Gregory remua sa lourde tête rousse avec un sourire lent et triste.

« Et même alors, dit-il, nous, les poètes, posons toujours la question : « Et qu'est-ce que Victoria maintenant que vous êtes là ? Vous pensez que Victoria est comme la Nouvelle Jérusalem. Nous savons que la Nouvelle Jérusalem ne ressemblera qu'à Victoria. Oui, le poète sera mécontent même dans les rues du ciel. Le poète est toujours en révolte.

« Là encore », dit Syme avec irritation, « qu'y a-t-il de poétique dans le fait d'être en révolte ? Autant dire que c'est poétique d'avoir le mal de mer. Être malade est une révolte. Être malade et être rebelle peut être une bonne chose dans certaines occasions désespérées ; mais je suis pendu si je comprends pourquoi ils sont poétiques. La révolte dans l'abstrait est… révoltante. Ce n'est que du vomissement.

La jeune fille grimaça un instant à ce mot désagréable, mais Syme était trop excitée pour l'écouter.

« C'est que les choses vont bien, s'écria-t-il, c'est poétique ! Nos digestions, par exemple, se déroulent de manière sacrée et silencieuse, tel est le fondement de toute poésie. Oui, la chose la plus poétique, plus poétique que les fleurs, plus poétique que les étoiles, la chose la plus poétique au monde, c'est de ne pas être malade.

"Vraiment", dit Gregory avec mépris, "les exemples que vous choisissez…"

"Je vous demande pardon", dit Syme d'un air sombre, "j'ai oublié que nous avions aboli toutes les conventions."

Pour la première fois, une tache rouge est apparue sur le front de Grégory.

« Vous ne vous attendez pas à ce que je révolutionne la société sur cette pelouse, dit-il ?

Syme le regarda droit dans les yeux et sourit gentiment.

« Non, je ne le fais pas », dit-il ; "mais je suppose que si vous étiez sérieux au sujet de votre anarchisme, c'est exactement ce que vous feriez."

Les grands yeux de taureau de Grégory clignotèrent brusquement comme ceux d'un lion en colère, et on aurait presque cru que sa crinière rouge se dressait.

« Ne pensez-vous donc pas, dit-il d'une voix dangereuse, que je prends mon anarchisme au sérieux ?

"Je vous demande pardon?" » dit Syme.

« Est-ce que je ne suis pas sérieux au sujet de mon anarchisme ? s'écria Grégory en serrant les poings.

"Mon cher camarade!" » dit Syme, et il s'éloigna.

Avec surprise, mais avec un curieux plaisir, il trouva Rosamond Gregory toujours en sa compagnie.

"M. Syme, dit-elle, est-ce que les gens qui parlent comme toi et mon frère pensent souvent ce qu'ils disent ? Tu penses ce que tu dis maintenant ?

Syme sourit.

"Est-ce que tu?" Il a demandé.

"Que veux-tu dire?" demanda la jeune fille avec des yeux graves.

« Ma chère Miss Gregory, dit doucement Syme, il existe de nombreuses sortes de sincérité et de manque de sincérité. Quand vous dites « merci » pour le sel, pensez-vous ce que vous dites ? Non. Quand vous dites « le monde est rond », voulez-vous dire ce que vous dites ? Non, c'est vrai, mais vous ne le pensez pas. Parfois, un homme comme ton frère découvre vraiment ce qu'il pense vraiment. Ce n'est peut-être qu'une demi-vérité, un quart de vérité, une dixième vérité ; mais ensuite il en dit plus qu'il ne le pense – par pure force de le penser.

Elle le regardait avec des sourcils froncés ; son visage était grave et ouvert, et il y avait tombé sur lui l'ombre de cette responsabilité irraisonnée qui est au fond de la femme la plus frivole, la garde maternelle qui est vieille comme le monde.

« Alors, est-il vraiment anarchiste ? elle a demandé.

— C'est seulement dans ce sens que je parle, répondit Syme ; "ou si vous préférez, dans cette absurdité."

Elle fronça les sourcils et dit brusquement :

"Il n'utiliserait pas vraiment... des bombes ou ce genre de chose ?"

Syme éclata d'un grand rire, qui parut trop ample pour sa silhouette légère et quelque peu dandifiée.

"Bon Dieu, non!" il a dit, "cela doit être fait de manière anonyme."

Et à ce moment-là, les coins de sa bouche se mirent à sourire, et elle pensa avec un plaisir simultané à l'absurdité de Gregory et à sa sécurité.

Syme l'accompagna jusqu'à un siège dans un coin du jardin et continua à exprimer ses opinions. Car c'était un homme sincère et, malgré ses airs et ses grâces superficielles, au fond humble. Et c'est toujours l'homme humble qui parle trop ; l'orgueilleux se surveille de trop près. Il défendait la respectabilité avec violence et exagération. Il devint passionné dans son éloge de la propreté et de la bienséance. Tout le temps, il y avait une odeur de lilas autour de lui. Un jour, il entendit très faiblement dans une rue lointaine un orgue de Barbarie se mettre à jouer, et il lui sembla que ses paroles héroïques retentissaient sur un petit air venant d'en dessous ou d'au-delà du monde.

Il regarda et parla des cheveux roux et du visage amusé de la jeune fille pendant ce qui sembla durer quelques minutes ; puis, sentant que les groupes dans un tel endroit devaient se mélanger, il se leva. À son grand étonnement, il découvrit tout le jardin vide. Tout le monde était parti depuis longtemps et il y est allé lui-même avec des excuses assez hâtives. Il est reparti avec une sensation de champagne dans la tête, qu'il n'a ensuite pas pu expliquer. Dans les événements fous qui allaient suivre, cette jeune fille n'avait aucune part ; il ne la revit plus jusqu'à ce que toute son histoire soit terminée. Et pourtant, d'une manière indescriptible, elle revenait comme un motif musical à travers toutes ses folles aventures ultérieures, et la gloire de ses cheveux étranges courait comme un fil rouge à travers ces tapisseries sombres et mal dessinées de la nuit. Car ce qui suivit était si improbable que cela aurait pu être un rêve.

Quand Syme sortit dans la rue étoilée, il la trouva pour le moment vide. Puis il réalisa (d'une manière étrange) que le silence était plutôt un silence vivant que mort. Juste devant la porte se trouvait un réverbère dont la lueur dorait les feuilles de l'arbre qui se penchaient par-dessus la clôture derrière lui. À environ un pied du lampadaire se tenait une silhouette presque aussi rigide et immobile que le lampadaire lui-même. Le grand chapeau et la longue redingote étaient noirs ; le visage, dans une ombre abrupte, était presque aussi sombre. Seule une frange de cheveux flamboyants à contre-jour, et aussi quelque chose d'agressif dans l'attitude, proclamaient qu'il s'agissait du poète Grégoire. Il avait quelque chose de l'apparence d'un bravo masqué attendant son ennemi, l'épée à la main.

Il fit une sorte de salut douteux, que Syme lui rendit de manière un peu plus formelle.

«Je t'attendais», dit Gregory. "Puis-je avoir une conversation un moment?"

"Certainement. À propos de quoi?" » demanda Syme avec une sorte de faible émerveillement.

Grégory frappa avec son bâton le lampadaire, puis l'arbre.

« À propos de *ceci* et *de cela* », s'écria-t-il ; « à propos d'ordre et d'anarchie. Voilà votre précieux ordre, cette lampe de fer maigre, laide et stérile ; et il y a l'anarchie, riche, vivante, qui se reproduit – il y a l'anarchie, splendide en vert et en or.

«Tout de même», répondit patiemment Syme, «pour le moment, vous ne voyez l'arbre qu'à la lueur de la lampe. Je me demande quand tu verras un jour la lampe à la lumière de l'arbre. Puis, après une pause, il dit : « Mais puis-je vous demander si vous êtes resté ici dans le noir uniquement pour reprendre notre petite dispute ?

"Non", s'écria Gregory d'une voix qui résonnait dans la rue, "je ne suis pas resté ici pour reprendre notre dispute, mais pour y mettre fin pour toujours ."

Le silence retomba et Syme, sans rien comprendre, écouta instinctivement quelque chose de grave. » commença Gregory d'une voix douce et avec un sourire plutôt ahurissant.

"M. Syme, dit-il, vous avez réussi ce soir à faire quelque chose d'assez remarquable. Vous m'avez fait quelque chose qu'aucun homme né d'une femme n'a jamais réussi à faire auparavant.

"En effet!"

«Maintenant, je me souviens», reprit Gregory pensivement, «une autre personne a réussi à le faire. Le capitaine d'un penny steamer (si je me souviens bien) à Southend . Vous m'avez irrité.

«Je suis vraiment désolé», répondit Syme avec gravité.

"Je crains que ma fureur et votre insulte ne soient trop choquantes pour être effacées même par des excuses", a déclaré Gregory très calmement. « Aucun duel ne pourrait l'effacer. Si je te frappais à mort , je ne pourrais pas l'effacer. Il n'y a qu'une seule manière d'effacer cette insulte, et c'est celle que je choisis. Je vais, au prix possible de ma vie et de mon honneur , vous *prouver que vous aviez tort dans ce que vous avez dit.*

"Dans ce que j'ai dit?"

"Vous avez dit que je n'étais pas sérieux au sujet d'être anarchiste."

"Il y a des degrés de gravité", a répondu Syme. "Je n'ai jamais douté que vous étiez parfaitement sincère en ce sens, que vous pensiez que ce que vous disiez valait la peine d'être dit, que vous pensiez qu'un paradoxe pouvait réveiller les hommes à une vérité négligée."

Gregory le regardait fixement et douloureusement.

« Et dans aucun autre sens, » demanda-t-il, « vous me croyez sérieux ? Vous me prenez pour un *flâneur* qui laisse échapper des vérités occasionnelles. Vous ne pensez pas que dans un sens plus profond, plus mortel, je suis sérieux.

Syme frappa violemment avec son bâton les pierres de la route.

"Sérieux!" il pleure. "Bon dieu! est-ce que cette rue est sérieuse ? Ces foutues lanternes chinoises sont-elles sérieuses ? Est-ce que tout ce caboodle est sérieux ? On vient ici et on parle beaucoup, et peut-être aussi de bon sens, mais je ne pense pas beaucoup à un homme qui n'a pas gardé à l'arrière-plan de sa vie quelque chose de plus sérieux que toutes ces paroles - quelque chose de plus sérieux. , que ce soit la religion ou seulement la boisson.

"Très bien," dit Grégoire, le visage s'assombrissant, "vous verrez quelque chose de plus sérieux que la boisson ou la religion."

Syme attendit avec son air de douceur habituel jusqu'à ce que Gregory ouvre à nouveau les lèvres.

« Vous parliez tout à l'heure d'avoir une religion. Est-ce vraiment vrai que tu en as un ?

"Oh", dit Syme avec un sourire radieux, "nous sommes tous catholiques maintenant."

« Alors puis-je vous demander de jurer par quels dieux ou saints votre religion implique que vous ne révélerez ce que je vais maintenant vous dire à aucun fils d'Adam, et surtout pas à la police ? Veux-tu le jurer ! Si vous acceptez cette terrible abnégation, si vous consentez à charger votre âme d'un vœu que vous ne devriez jamais faire et d'une connaissance dont vous ne devriez jamais rêver, je vous promets en retour…

« Vous me le promettez en retour ? » » demanda Syme, tandis que l'autre s'arrêtait.

"Je vous promets une soirée très divertissante." Syme ôta brusquement son chapeau.

« Votre offre, dit-il, est bien trop idiote pour être refusée. Vous dites qu'un poète est toujours un anarchiste. Je ne suis pas d'accord; mais j'espère au moins qu'il sera toujours sportif. Permettez-moi, ici et maintenant, de jurer en tant que chrétien et de promettre en tant que bon camarade et confrère artiste que je ne signalerai rien de tout cela, quel qu'il soit, à la police. Et maintenant, au nom de Colney Hatch, qu'est-ce que c'est ?

"Je pense", a déclaré Gregory, avec une non-pertinence placide, "que nous allons appeler un taxi."

Il poussa deux longs sifflets et une voiture de tourisme arriva en trombe sur la route. Les deux hommes s'y laissèrent en silence. Gregory donna par le piège l'adresse d'un obscur pub sur la rive Chiswick de la rivière. Le fiacre s'éloigna de nouveau, et c'est avec lui que ces deux fantastiques quittèrent leur ville fantastique.

CHAPITRE II.
LE SECRET DE GABRIEL SYME

Le taxi s'arrêta devant une brasserie particulièrement morne et grasse , dans laquelle Grégory conduisit rapidement son compagnon. Ils s'assirent dans une sorte de bar- salon étroit et sombre , devant une table en bois teinté avec un pied en bois. La pièce était si petite et si sombre qu'on pouvait très peu voir le préposé appelé, à part une vague et sombre impression de quelque chose de volumineux et de barbu.

« Veux-tu prendre un petit dîner ? » demanda poliment Gregory. «Le *pâté de foie gras* n'est pas bon ici, mais je peux recommander le gibier.»

Syme reçut la remarque avec flegme, imaginant qu'il s'agissait d'une plaisanterie. Acceptant la veine de l'humour , dit-il avec une indifférence bien élevée :

"Oh, apporte-moi de la mayonnaise au homard."

À son indescriptible étonnement, l'homme a seulement répondu : « Certainement, monsieur ! et il est parti apparemment pour le récupérer.

« Que vas-tu boire ? reprit Grégory du même air insouciant et désolé. « Je n'aurai moi-même qu'une *crème de menthe* ; J'ai dîné. Mais on peut vraiment faire confiance au champagne. Laisse-moi commencer avec au moins une demi-bouteille de Pommery ?

"Merci!" » dit Syme immobile. "Tu es très bon."

Ses tentatives ultérieures de conversation, quelque peu désorganisées en elles-mêmes, furent finalement interrompues comme par un coup de foudre par l'apparence même du homard. Syme l'a goûté et l'a trouvé particulièrement bon. Puis il se mit soudain à manger avec beaucoup de rapidité et d'appétit.

"Excusez-moi si je m'amuse plutôt évidemment!" dit-il à Grégory en souriant. « Je n'ai pas souvent la chance de faire un rêve comme celui-ci. C'est nouveau pour moi qu'un cauchemar mène à un homard. C'est généralement l'inverse.

"Vous ne dormez pas, je vous l'assure", dit Grégory. « Vous êtes, au contraire, proche du moment le plus actuel et le plus excitant de votre existence. Ah, voici ton champagne ! J'avoue qu'il peut y avoir une légère disproportion, disons, entre l'aménagement intérieur de cet excellent hôtel et son extérieur simple et sans prétention. Mais c'est là toute notre modestie. Nous sommes les hommes les plus modestes qui aient jamais vécu sur terre.

« Et qui sommes- *nous ?* » demanda Syme en vidant sa coupe de champagne.

"C'est bien simple", répondit Grégory. « *Nous* sommes des anarchistes sérieux, en qui vous ne croyez pas. »

"Oh!" dit brièvement Syme. "Vous vous débrouillez bien en matière de boissons."

"Oui, nous prenons tout au sérieux", a répondu Gregory.

Puis, après une pause, il ajouta :

« Si dans quelques instants cette table commence à se retourner un peu, ne l'imputez pas à vos incursions dans le champagne. Je ne souhaite pas que vous vous rendiez injuste.

« Eh bien, si je ne suis pas ivre, je suis fou », répondit Syme avec un calme parfait ; « mais j'espère que je peux me comporter comme un gentleman dans les deux cas. Puis-je fumer?"

"Certainement!" dit Gregory en sortant un étui à cigares. "Essayez l'un des miens."

Syme prit le cigare, coupa le bout avec un coupe-cigare de la poche de son gilet, le porta à sa bouche, l'alluma lentement et laissa échapper un long nuage de fumée. Ce n'est pas peu à son honneur qu'il ait accompli ces rites avec tant de sang-froid, car presque avant de les avoir commencés, la table à laquelle il était assis avait commencé à tourner, d'abord lentement, puis rapidement, comme lors d'une séance de folie.

« Cela ne vous dérange pas », dit Gregory ; "c'est une sorte de vis."

« Tout à fait », dit placidement Syme, « une sorte de vis. Comme c'est simple ! »

L'instant d'après, la fumée de son cigare, qui voltigeait à travers la pièce en serpentins, montait tout droit comme si elle sortait d'une cheminée d'usine, et tous deux, avec leurs chaises et leur table, s'enfoncèrent à travers le sol comme si la terre avait disparu. les a avalés. Ils descendirent en trombe une sorte de cheminée rugissante aussi rapidement qu'un ascenseur se déchaîne, et ils arrivèrent avec une brusque bosse jusqu'au fond. Mais lorsque Gregory ouvrit deux portes et laissa entrer une lumière souterraine rouge, Syme fumait toujours, une jambe renversée sur l'autre, et n'avait pas jauni ses cheveux.

Gregory le conduisit dans un passage bas et voûté, au bout duquel se trouvait le feu rouge. C'était une énorme lanterne cramoisie, presque aussi grande qu'une cheminée, fixée au-dessus d'une petite mais lourde porte en fer. Dans la porte, il y avait une sorte d'écoutille ou de grille, sur laquelle Grégoire frappa cinq fois. Une voix lourde avec un accent étranger lui demanda qui il était. A cela il donna la réponse plus ou moins inattendue : « M. Joseph Chamberlain. Les lourdes charnières commencèrent à bouger ; c'était évidemment une sorte de mot de passe.

À l'intérieur de la porte, le passage brillait comme s'il était bordé d'un réseau d'acier. D'un deuxième coup d'œil, Syme vit que le motif scintillant était en réalité constitué de rangées et de rangées de fusils et de revolvers, serrés ou imbriqués.

« Il faut que je vous demande pardon de toutes ces formalités, dit Grégoire ; "nous devons être très stricts ici."

"Oh, ne t'excuse pas ", dit Syme. "Je connais votre passion pour la loi et l'ordre", et il entra dans le passage bordé d'armes en acier. Avec ses longs cheveux blonds et sa redingote plutôt fantaisie, il avait l'air d'une silhouette singulièrement frêle et fantaisiste alors qu'il marchait dans cette brillante avenue de la mort.

Ils passèrent par plusieurs de ces passages et débouchèrent enfin dans une étrange salle d'acier aux murs courbes, de forme presque sphérique, mais présentant, avec ses gradins de bancs, quelque chose de l'apparence d'un amphithéâtre scientifique. Il n'y avait ni fusils ni pistolets dans cet appartement, mais autour des murs étaient accrochées des formes plus douteuses et plus effrayantes, des choses qui ressemblaient à des bulbes de plantes de fer ou à des œufs d'oiseaux de fer. C'étaient des bombes, et la pièce elle-même ressemblait à l'intérieur d'une bombe. Syme jeta sa cendre de cigare contre le mur et entra.

« Et maintenant, mon cher M. Syme, » dit Gregory en se jetant d'une manière expansive sur le banc sous la plus grosse bombe, « maintenant nous sommes tout à fait à l'aise , alors parlons correctement. Aucun mot humain ne peut vous donner la moindre idée de la raison pour laquelle je vous ai amené ici. C'était une de ces émotions assez arbitraires, comme sauter d'une falaise ou tomber amoureux. Qu'il suffise de dire que vous étiez un type inexprimablement irritant et, pour vous rendre justice, vous l'êtes toujours. Je briserais vingt serments de secret pour le plaisir de vous faire tomber. Une telle façon d'allumer un cigare ferait qu'un prêtre briserait le sceau de la confession. Eh bien, vous avez dit que vous étiez certain que je n'étais pas un anarchiste sérieux. Cet endroit vous semble-t-il sérieux ?

« Il semble bien qu'il y ait une morale sous toute sa gaieté », approuva Syme ; « mais puis-je vous poser deux questions ? Ne craignez pas de me donner des informations, car, comme vous vous en souvenez, vous m'avez très sagement extorqué la promesse de ne pas le dire à la police, promesse que je tiendrai certainement. C'est donc par simple curiosité que je pose mes questions. Tout d'abord, de quoi s'agit-il réellement ? A quoi vous opposez-vous ? Vous voulez abolir le gouvernement ?

"Pour abolir Dieu!" dit Grégoire en ouvrant les yeux d'un fanatique. « Nous ne voulons pas seulement bouleverser quelques despotismes et quelques règlements de police ; ce type d'anarchisme existe, mais ce n'est qu'une simple branche des non-conformistes. Nous creusons plus profondément et nous vous faisons exploser plus haut. Nous souhaitons nier toutes ces distinctions arbitraires de vice et de vertu, d'honneur et de trahison, sur lesquelles se basent de simples rebelles. Les sentimentaux idiots de la Révolution française parlaient des Droits de l'Homme ! Nous détestons le droit comme nous détestons le tort. Nous avons aboli le bien et le mal.

« Et la droite et la gauche », dit Syme avec un simple empressement, « j'espère que vous les abolirez aussi. Ils me posent bien plus de problèmes.

— Vous avez parlé d'une deuxième question, répliqua sèchement Gregory.

— Avec plaisir, reprit Syme. « Dans tous vos actes et dans votre environnement actuel, il y a une tentative scientifique de secret. J'ai une tante qui vivait au-dessus d'un magasin, mais c'est la première fois que je trouve des gens vivant de préférence sous un cabaret. Vous avez une lourde porte en fer. Vous ne pouvez pas l'adopter sans vous soumettre à l'humiliation de vous appeler M. Chamberlain. Vous vous entourez d'instruments en acier qui rendent le lieu, si je puis dire, plus impressionnant que familier. Puis-je vous demander pourquoi, après avoir pris tant de peine à vous barricader dans les entrailles de la terre, vous exhibez tout votre secret en parlant d'anarchisme à toutes les femmes idiotes de Saffron Park ?

Grégory sourit.

"La réponse est simple", a-t-il déclaré. « Je vous ai dit que j'étais un anarchiste sérieux et vous ne m'avez pas cru. *Ils* ne me croient pas non plus. Si je ne les emmenais pas dans cette salle infernale , ils ne me croiraient pas.

Syme fumait pensivement et le regardait avec intérêt. » continua Grégory.

« L'histoire de la chose pourrait vous amuser », dit-il. « Quand je suis devenu l'un des Nouveaux Anarchistes , j'ai essayé toutes sortes de déguisements respectables. Je me suis habillé en évêque. J'ai tout lu sur les évêques dans nos brochures anarchistes, dans *Superstition the Vampire* et *Priests of Prey* . J'ai certainement compris d'eux que les évêques sont des vieillards étranges et terribles qui cachent un cruel secret aux hommes. J'ai été mal informé. Lors de ma première apparition dans un salon en guêtres épiscopales, je criai d'une voix de tonnerre : « À bas ! vers le bas! raison humaine présomptueuse ! ils ont découvert d'une manière ou d'une autre que je n'étais pas du tout évêque. J'ai été attrapé immédiatement. Ensuite, je me suis transformé en millionnaire ; mais j'ai défendu le Capital avec tant d'intelligence qu'un imbécile pourrait voir que j'étais bien pauvre. Ensuite, j'ai essayé de devenir major. Maintenant, je suis moi-même un humanitaire, mais j'ai, je l'espère, suffisamment de largeur intellectuelle pour comprendre la position de ceux qui, comme Nietzsche, admirent la violence – la guerre fière et folle de la Nature et tout ça, vous savez. Je me suis lancé dans la majeure. J'ai dégainé mon épée et je l'ai agitée constamment. J'ai crié « Sang ! » distraitement, comme un homme qui réclame du vin. J'ai souvent dit : « Que les faibles périssent ; c'est la Loi. Eh bien, il semblerait que les majors ne fassent pas ça. J'ai encore été arrêté. Finalement, désespéré , je me suis rendu chez le président du Conseil central anarchiste, qui est l'homme le plus grand d'Europe.

"Quel est son nom?" demanda Syme.

"Vous ne le sauriez pas", répondit Gregory. «C'est sa grandeur. César et Napoléon ont mis tout leur génie à faire connaître, et on *a* entendu parler d'eux. Il met tout son génie à ne pas être entendu, et on n'entend pas parler de lui. Mais on ne peut pas rester cinq minutes dans sa chambre sans avoir le sentiment que César et Napoléon auraient été des enfants entre ses mains.

Il resta silencieux et même pâle un instant, puis reprit :

« Mais chaque fois qu'il donne un conseil, c'est toujours quelque chose d'aussi surprenant qu'une épigramme et pourtant aussi pratique que la Banque d'Angleterre. Je lui ai dit : « Quel déguisement me cachera du monde ? Qu'est-ce que je trouve de plus respectable que les évêques et les majors ? Il me regardait avec son visage large mais indéchiffrable. « Vous voulez un déguisement sûr, n'est-ce pas ? Vous voulez une robe qui vous garantira inoffensif ; une robe dans laquelle personne ne chercherait jamais une bombe ? J'ai hoché la tête. Il éleva soudain sa voix de lion. "Eh bien, déguisez-vous en *anarchiste* , imbécile !" » rugit-il si bien que la pièce trembla. « Personne ne s'attendra jamais à ce que vous fassiez quelque chose de dangereux. » Et il m'a tourné le dos sans ajouter un mot. J'ai suivi ses conseils et je ne l'ai jamais regretté. J'ai prêché le sang et le meurtre à ces femmes jour et nuit, et – par Dieu ! – elles me laissaient conduire leurs poussettes.

Syme le regardait avec un certain respect dans ses grands yeux bleus.

«Vous m'avez accueilli», dit-il. "C'est vraiment une esquive intelligente."

Puis, après une pause, il ajouta :

« Comment appelez-vous votre formidable président ? »

« On l'appelle généralement dimanche », répondit Grégoire avec simplicité. « Vous voyez, il y a sept membres du Conseil anarchiste central, et ils portent le nom des jours de la semaine. Il est surnommé Sunday, par certains de ses admirateurs, Bloody Sunday. Il est curieux que vous en parliez, car le soir même où vous êtes arrivé (si je puis m'exprimer ainsi), c'est le soir où notre section de Londres, qui se réunit dans cette salle, doit élire son propre adjoint pour pourvoir un poste vacant. au Conseil. Celui qui a joué depuis quelque temps, avec convenance et applaudissements généraux, la partie difficile du jeudi, est décédé subitement. Par conséquent, nous avons convoqué une réunion ce soir même pour élire un successeur.

Il se leva et traversa la pièce avec une sorte de sourire embarrassé.

"J'ai l'impression que tu es ma mère, Syme," continua-t-il avec désinvolture. « Je sens que je peux tout vous confier, puisque vous avez promis de ne le dire à personne. En fait, je vais vous confier quelque chose que je ne dirais pas avec tant de mots aux anarchistes qui arriveront dans la salle dans une dizaine de minutes. Nous procéderons bien entendu à une forme d'élection ; mais cela ne me dérange pas de vous dire que le résultat est pratiquement certain. Il baissa modestement les yeux pendant un moment. "Il est presque décidé que je serai jeudi."

"Mon cher camarade." » dit chaleureusement Syme, « Je vous félicite. Une belle carrière !

Gregory sourit avec dépréciation et traversa la pièce en parlant rapidement.

"En fait, tout est prêt pour moi sur cette table", a-t-il déclaré, "et la cérémonie sera probablement la plus courte possible".

Syme se dirigea également vers la table et y trouva une canne qui, à l'examen, se révéla être un bâton d'épée, un grand revolver Colt, une boîte à sandwich et une formidable flasque de cognac. Au-dessus de la chaise, à côté de la table, était jetée une lourde cape ou manteau.

« Je n'ai qu'à terminer le formulaire d'élection, continua Grégoire avec animation, puis je prends ce manteau et ce bâton, je mets ces autres choses dans ma poche, je sors par une porte de cette caverne qui s'ouvre sur la rivière. , où un remorqueur à vapeur m'attend déjà, et puis... alors... oh, quelle joie folle d'être jeudi ! Et il joignit les mains.

Syme, qui s'était rassis avec sa langueur insolente habituelle, se leva avec un air d'hésitation inhabituel.

« Pourquoi, demanda-t-il vaguement, je pense que vous êtes un homme tout à fait honnête ? Pourquoi est-ce que je t'aime vraiment, Gregory ? Il s'arrêta un moment, puis ajouta avec une sorte de curiosité nouvelle : « Est-ce parce que vous êtes un tel imbécile ?

Il y eut à nouveau un silence pensif, puis il s'écria :

« Eh bien, bon sang ! c'est la situation la plus drôle que j'ai jamais vécue dans ma vie et je vais agir en conséquence. Gregory, je t'ai fait une promesse avant de venir ici. Cette promesse, je la tiendrais sous des pinces brûlantes. Me feriez-vous, pour ma sécurité, une petite promesse du même genre ?

"Une promesse?" » demanda Gregory, perplexe.

« Oui, » dit Syme très sérieusement, « c'est une promesse. J'ai juré devant Dieu que je ne révélerais pas votre secret à la police. Jurerez-vous par l'humanité, ou par toute autre chose bestiale en laquelle vous croyez, que vous ne révélerez pas mon secret aux anarchistes ?

"Ton secret?" » demanda Gregory, le regard fixe. "As-tu un secret?"

"Oui", dit Syme, "j'ai un secret." Puis après une pause : « Veux-tu jurer ?

Gregory le regarda gravement pendant quelques instants, puis dit brusquement :

« Tu as dû m'envoûter, mais j'éprouve à ton égard une furieuse curiosité. Oui, je jurerai de ne pas dire aux anarchistes tout ce que vous me direz. Mais soyez attentif, car ils seront là dans quelques minutes.

Syme se leva lentement et fourra ses longues mains blanches dans les poches de son long pantalon gris. Presque au même moment, cinq coups furent frappés à la grille extérieure, annonçant l'arrivée du premier des conspirateurs.

« Eh bien, » dit lentement Syme, « je ne sais pas comment vous dire la vérité plus brièvement qu'en disant que votre expédient de vous déguiser en poète sans but ne se limite pas à vous ou à votre président. Nous connaissons cette esquive depuis un certain temps à Scotland Yard.

Gregory essaya de se redresser, mais il vacilla trois fois.

"Que dites-vous?" » demanda-t-il d'une voix inhumaine.

«Oui», dit simplement Syme, «je suis détective de police. Mais je pense que j'entends tes amis arriver.

De la porte, il y eut un murmure de « M. Joseph Chamberlain. Cela se répétait deux fois, trois fois, puis trente fois, et l'on entendait la foule des Joseph Chamberlain (pensée solennelle) piétiner le couloir.

CHAPITRE III.
L'HOMME QUI ÉTAIT JEUDI

Avant que l'un des nouveaux visages ait pu apparaître à la porte, la surprise stupéfaite de Gregory était tombée de lui. Il était près de la table d'un bond et d'un bruit de gorge semblable à celui d'une bête sauvage. Il attrapa le revolver du Colt et visa Syme. Syme ne broncha pas, mais il leva une main pâle et polie.

« Ne soyez pas si stupide », dit-il avec la dignité efféminée d'un vicaire. « Ne vois-tu pas que ce n'est pas nécessaire ? Ne voyez-vous pas que nous sommes tous les deux dans le même bateau ? Oui, et j'ai le mal de mer. »

Gregory ne pouvait pas parler, mais il ne pouvait pas non plus tirer, et il regarda sa question.

« Ne voyez-vous pas que nous nous sommes fait échec et mat ? s'écria Syme. « Je ne peux pas dire à la police que vous êtes anarchiste. Vous ne pouvez pas dire aux anarchistes que je suis policier. Je ne peux que te regarder, sachant ce que tu es ; tu ne peux que me regarder, sachant ce que je suis. Bref, c'est un duel solitaire et intellectuel, ma tête contre la vôtre. Je suis un policier privé de l'aide de la police. Vous, mon pauvre garçon, êtes un anarchiste privé de l'aide de cette loi et de cette organisation si essentielles à l'anarchie. La seule différence est en votre faveur . Vous n'êtes pas entouré de policiers curieux ; Je suis entouré d'anarchistes curieux. Je ne peux pas te trahir, mais je pourrais me trahir. Viens viens! attends et vois-moi me trahir. Je le ferai si gentiment.

Gregory posa lentement le pistolet, tout en fixant Syme comme s'il était un monstre marin.

"Je ne crois pas à l'immortalité", dit-il enfin, "mais si, après tout cela, vous ne respectiez pas votre parole, Dieu créerait un enfer rien que pour vous, dans lequel vous hurleriez pour toujours ."

« Je ne manquerai pas à ma parole, » dit sévèrement Syme, « et vous ne manquerez pas non plus à la vôtre. Voici vos amis.

La masse des anarchistes entra lourdement dans la salle, d'un pas voûté et un peu las ; mais un petit homme, avec une barbe noire et des lunettes – un homme un peu comme M. Tim Healy – se détacha et s'avança avec quelques papiers à la main.

« Camarade Gregory, dit-il, je suppose que cet homme est un délégué ?

Gregory, surpris, baissa les yeux et marmonna le nom de Syme ; mais Syme répondit presque ironiquement :

"Je suis heureux de voir que votre porte est suffisamment bien gardée pour qu'il soit difficile pour quiconque n'est pas délégué d'être ici."

Le front du petit homme à la barbe noire était cependant encore contracté avec une sorte de suspicion.

« Quelle branche représentez-vous ? » » demanda-t-il brusquement.

« Je ne devrais pas appeler cela une branche », dit Syme en riant ; "Je devrais au moins l'appeler une racine."

"Que veux-tu dire?"

« Le fait est, » dit sereinement Syme, « la vérité est que je suis un Sabbatarien. J'ai été spécialement envoyé ici pour veiller à ce que vous respectiez dûment le dimanche.

Le petit homme laissa tomber un de ses papiers et une lueur de peur parcourut tous les visages du groupe. De toute évidence, l'horrible président, dont le nom était Sunday, envoyait parfois des ambassadeurs irréguliers à de telles réunions de branche.

"Eh bien, camarade", dit l'homme aux papiers après une pause, "je suppose que nous ferions mieux de vous donner une place à la réunion ?"

"Si vous me demandez mon avis en tant qu'ami", dit Syme avec une sévère bienveillance, "je pense que vous feriez mieux."

Lorsque Grégory entendit se terminer le dialogue dangereux, avec une soudaine sécurité pour son rival, il se leva brusquement et arpenta la pièce, plongé dans une réflexion douloureuse. Il était en effet dans une agonie diplomatique. Il était clair que l'audace inspirée de Syme était susceptible de le sortir de tous les dilemmes purement accidentels. Il n'y avait pas grand-chose à espérer d'eux. Il ne pouvait pas lui-même trahir Syme, en partie par honneur , mais en partie aussi parce que, s'il le trahissait et ne parvenait pas à le détruire pour une raison quelconque, le Syme qui s'était échappé serait un Syme libéré de toute obligation de secret, un Syme qui marcherait simplement. au commissariat de police le plus proche. Après tout, ce n'était qu'une discussion d'une nuit, et un seul détective était au courant. Il dévoilerait le moins possible leurs projets cette nuit-là, puis laisserait Syme partir et tenter sa chance.

Il se dirigea vers le groupe d'anarchistes qui se répartissait déjà sur les bancs.

« Je pense qu'il est temps de commencer », a-t-il déclaré ; « Le remorqueur à vapeur attend déjà sur le fleuve. Je propose que le camarade Buttons prenne le fauteuil.

Ceci étant approuvé à main levée, le petit homme aux papiers se glissa dans le siège présidentiel.

« Camarades, commença-t-il d'une manière aussi nette qu'un coup de pistolet, notre réunion de ce soir est importante, même si elle ne doit pas être longue. Cette branche a toujours eu l' honneur d'élire le jeudi le Conseil central européen. Nous avons élu de nombreux et splendides jeudis. Nous déplorons tous le triste décès de l'héroïque travailleur qui occupait ce poste jusqu'à la semaine dernière. Comme vous le savez, ses services à la cause ont été considérables. Il a organisé le grand coup de dynamite de Brighton qui, dans des circonstances plus heureuses, aurait dû tuer tout le monde sur la jetée. Comme vous le savez également, sa mort était aussi un renoncement à lui-même que sa vie, car il est mort à cause de sa foi dans un mélange hygiénique de craie et d'eau comme substitut du lait, boisson qu'il considérait comme barbare et comme impliquant de la cruauté envers la vache. . La cruauté, ou tout ce qui s'en rapproche, le révoltait toujours. Mais ce n'est pas pour acclamer ses vertus que nous sommes réunis, mais pour une tâche plus ardue. Il est difficile de vanter correctement ses qualités, mais il est plus difficile de les remplacer. C'est à vous, camarades, qu'il appartient ce soir de choisir parmi la compagnie présente celui qui sera jeudi. Si un camarade propose un nom, je le mettrai aux voix. Si aucun camarade ne suggère un nom, je peux seulement me dire que ce cher dynamiteur qui nous a quittés a emporté dans les abîmes inconnaissables le dernier secret de sa vertu et de son innocence.

Il y eut une vague d'applaudissements presque inaudibles, comme on en entend parfois dans les églises. Alors un grand vieillard, avec une longue et vénérable barbe blanche, peut-être le seul véritable ouvrier présent, se leva lourdement et dit :

« Je propose que le camarade Gregory soit élu jeudi », et il se rassit lourdement.

"Est-ce que quelqu'un est en deuxième position ?" demanda le président.

Un petit homme avec un manteau de velours et une barbe pointue appuyé.

"Avant de mettre la question aux voix", a déclaré le président, "je demanderai au camarade Gregory de faire une déclaration".

Grégory se leva au milieu d'un grand tonnerre d'applaudissements. Son visage était d'une pâleur mortelle, de sorte qu'en contraste ses étranges cheveux roux paraissaient presque écarlates. Mais il était souriant et tout à fait à l'aise. Il avait pris sa décision et il voyait sa meilleure politique clairement devant lui, comme une route blanche. Sa meilleure chance était de prononcer un discours adouci et ambigu, de nature à laisser dans l'esprit du détective l'impression que la confrérie anarchiste était après tout une affaire très douce. Il croyait en sa puissance littéraire, en sa capacité à suggérer de belles nuances et à choisir des mots parfaits. Il pensait qu'avec soin il parviendrait, malgré tout ce qui l'entourait, à donner une impression de l'institution, subtilement et délicatement fausse. Syme avait autrefois pensé que les anarchistes, malgré toute leur bravade, ne faisaient que jouer aux imbéciles. Ne pourrait-il pas maintenant, à l'heure du péril, faire penser à nouveau cela à Syme ?

« Camarades, commença Grégoire d'une voix basse mais pénétrante, il n'est pas nécessaire que je vous dise quelle est ma politique, car c'est aussi la vôtre. Notre croyance a été calomniée, elle a été défigurée, elle a été complètement confuse et cachée, mais elle n'a jamais été altérée. Ceux qui parlent de l'anarchisme et de ses dangers vont partout et n'importe où pour s'informer, sauf chez nous, sauf auprès de la source. Ils découvrent les anarchistes grâce aux romans à six sous ; ils apprennent l'existence des anarchistes dans les journaux commerciaux ; ils découvrent les anarchistes grâce à *Half-Holiday d' Ally Sloper* et au *Sporting Times* . Ils n'apprennent jamais l'existence des anarchistes par les anarchistes. Nous n'avons aucune chance de nier les calomnies montagnardes qui nous accablent d'un bout à l'autre de l'Europe. L'homme qui a toujours entendu dire que nous étions des fléaux ambulants n'a jamais entendu notre réponse. Je sais qu'il ne l'entendra pas ce soir, même si ma passion était de déchirer le toit. Car c'est au plus profond de la terre qu'il est permis aux persécutés de se rassembler, comme les chrétiens se rassemblaient dans les catacombes. Mais si, par quelque accident incroyable, il y avait ici ce soir un homme qui, toute sa vie, nous avait si profondément méconnus de nous, je lui poserais cette question : « Quand ces chrétiens se réunissaient dans ces catacombes, quelle sorte de réputation morale avaient-ils dans le monde ? les rues au-dessus ? Quelles histoires de leurs atrocités un Romain instruit a-t-il raconté à un autre ? Supposons, lui disais-je, supposons que nous ne faisons que répéter ce paradoxe encore mystérieux de l'histoire. Supposons que nous semblions aussi choquants que les chrétiens parce que nous sommes en réalité aussi inoffensifs que les chrétiens. Supposons que nous semblions aussi fous que les chrétiens parce que nous sommes en réalité aussi doux.

Les applaudissements qui avaient accueilli les premières phrases s'étaient progressivement atténués, et au dernier mot ils s'arrêtèrent brusquement. Dans le silence abrupt, l'homme à la veste de velours dit d'une voix aiguë et grinçante :

"Je ne suis pas doux!"

« Le camarade Witherspoon nous dit, reprit Gregory, qu'il n'est pas doux. Ah, comme il se connaît peu ! Ses paroles sont en effet extravagantes ; son apparence est féroce et même (pour un goût ordinaire) peu attrayante. Mais seul l'œil d'une amitié aussi profonde et délicate que le mien peut percevoir le fondement profond d'une solide douceur qui repose à la base de lui, trop profond même pour que lui-même puisse le voir. Je le répète, nous sommes les vrais premiers chrétiens, mais nous arrivons trop tard. Nous sommes simples, comme ils vénèrent les simples – regardez le camarade Witherspoon. Nous sommes modestes, comme eux l'étaient – regardez-moi. Nous sommes miséricordieux… »

"Non non!" » a appelé M. Witherspoon avec la veste en velours.

« Je dis que nous sommes miséricordieux, répéta furieusement Grégoire, comme les premiers chrétiens étaient miséricordieux. Cela n'empêche pas qu'ils soient accusés de manger de la chair humaine. Nous ne mangeons pas de chair humaine… »

"Honte!" s'écria Witherspoon. "Pourquoi pas?"

« Le camarade Witherspoon, dit Gregory avec une gaieté fiévreuse, a hâte de savoir pourquoi personne ne le mange (rires). Dans notre société en tout cas, qui l'aime sincèrement, qui est fondée sur l'amour…

"Non non!" dit Witherspoon, "à bas l'amour."

« Qui est fondé sur l'amour, répéta Grégoire en grinçant des dents, il n'y aura aucune difficulté sur les buts que nous poursuivrons en tant que corps, ou que je poursuivrais si j'étais choisi pour représenter ce corps. Superbement indifférents aux calomnies qui nous présentent comme des assassins et des ennemis de la société humaine, nous poursuivrons avec un courage moral et une pression intellectuelle tranquille, les idéaux permanents de fraternité et de simplicité.

Gregory reprit sa place et passa la main sur son front. Le silence fut soudain et gênant, mais le président se leva comme un automate et dit d'une voix incolore :

« Y a-t-il quelqu'un qui s'oppose à l'élection du camarade Grégory ? »

L'assemblée semblait vague et inconsciemment déçue, et le camarade Witherspoon bougeait avec agitation sur son siège et marmonnait dans son épaisse barbe. Cependant, grâce au simple rythme de la routine, la motion aurait été présentée et adoptée. Mais alors que le président ouvrait la bouche pour le dire, Syme se leva d'un bond et dit d'une petite voix calme :

"Oui, Monsieur le Président, je m'y oppose."

Le fait le plus efficace en oratoire est un changement inattendu dans la voix. M. Gabriel Syme comprenait évidemment l'art oratoire. Après avoir prononcé ces premiers mots formels d'un ton modéré et avec une brève simplicité, il fit résonner son mot suivant et jaillir dans la voûte comme si un des coups de feu avait explosé.

« Camarades ! » s'écria-t-il d'une voix qui faisait sursauter tout le monde, sommes-nous venus ici pour cela ? Vivons-nous sous terre comme des rats pour écouter et parler ainsi ? C'est un discours que nous pourrions écouter en mangeant des petits pains lors d'une friandise à l'école du dimanche. Allons-nous tapisser ces murs d'armes et barrer cette porte de mort, de peur que quiconque ne vienne entendre le camarade Grégoire nous dire : « Soyez bons et vous serez heureux », « L'honnêteté est la meilleure politique » et « La vertu est sa propre politique ». récompense'? Il n'y avait pas un mot dans le discours du camarade Grégoire qu'un vicaire n'aurait pu écouter avec plaisir (écoutez, écoutez). Mais je ne suis pas curé (vives acclamations), et je ne l'ai pas écouté avec plaisir (acclamations renouvelées). L'homme qui est apte à faire un bon vicaire n'est pas apte à rendre un jeudi résolu, énergique et efficace (écoutez, écoutez).

« Le camarade Grégoire nous a dit, sur un ton trop désolé, que nous ne sommes pas les ennemis de la société. Mais je dis que nous sommes les ennemis de la société, et tant pis pour la société. Nous sommes les ennemis de la société, car la société est l'ennemie de l'humanité, son ennemi le plus ancien et le plus impitoyable (écoutez, écoutez). Le camarade Gregory nous a dit (encore une fois en s'excusant) que nous ne sommes pas des meurtriers. Là, je suis d'accord. Nous ne sommes pas des meurtriers, nous sommes des bourreaux (acclamations).»

Depuis que Syme s'était levé, Gregory le regardait fixement, le visage idiot d'étonnement. Pendant ce temps, ses lèvres d'argile s'entrouvrirent et il dit avec une netteté automatique et sans vie :

«Espèce de maudit hypocrite!»

Syme regarda droit dans ces yeux effrayants, avec ses propres yeux bleu pâle, et dit avec dignité :

«Le camarade Gregory m'accuse d'hypocrisie. Il sait aussi bien que moi que je respecte tous mes engagements et que je ne fais que mon devoir. Je ne mâche pas mes mots. Je ne prétends pas. Je dis que le camarade Grégoire est inapte à être jeudi en raison de toutes ses qualités aimables. Il n'est pas apte à être jeudi en raison de ses qualités aimables. Nous ne voulons pas que le Conseil suprême de l'anarchie soit infecté par une miséricorde larmoyante (écoutez, écoutez). L'heure n'est ni à la politesse cérémonielle, ni à la modestie cérémonielle. Je m'oppose au camarade Grégoire comme je m'opposerais à tous les gouvernements d'Europe, parce que l'anarchiste qui s'est livré à l'anarchie a oublié la modestie autant qu'il a oublié l'orgueil (acclamations). Je ne suis pas du tout un homme. Je suis une cause (acclamations renouvelées). Je me suis opposé au camarade Gregory aussi impersonnellement et aussi calmement que je choisirais un pistolet plutôt qu'un autre dans ce support accroché au mur ; et je dis que plutôt que d'avoir Gregory et ses méthodes du lait et de l'eau au Conseil suprême, je me présenterais aux élections… »

Sa phrase a été noyée dans une cataracte assourdissante d'applaudissements. Les visages, qui étaient devenus de plus en plus féroces d'approbation à mesure que sa tirade devenait de plus en plus intransigeante, étaient maintenant déformés par des sourires d'anticipation ou fendus par des cris ravis. Au moment où il s'annonçait prêt à briguer le poste de jeudi, un rugissement d'excitation et d'assentiment éclata et devint incontrôlable, et au même moment Grégory se leva d'un bond, l'écume aux lèvres, et cria contre les cris.

« Arrêtez, foutus fous ! » cria-t-il d'une voix qui lui déchira la gorge. "Arretez-vous-"

Mais plus forte que les cris de Gregory et plus forte que le rugissement de la pièce, la voix de Syme, parlant toujours dans un éclat de tonnerre impitoyable :

« Je ne vais pas au Conseil pour réfuter cette calomnie qui nous traite d'assassins ; Je vais le gagner (acclamations fortes et prolongées). Au prêtre qui dit que ces hommes sont les ennemis de la religion, au juge qui dit que ces hommes sont les ennemis de la loi, au gros parlementaire qui dit que ces hommes sont les ennemis de l'ordre et de la pudeur publique, à tous je répondrai : « Vous êtes de faux rois, mais vous êtes de vrais prophètes. Je suis venu pour vous détruire et accomplir vos prophéties.'»

La forte clameur s'apaisa peu à peu, mais avant qu'elle ne cesse, Witherspoon s'était levé d'un bond, les cheveux et la barbe hérissés, et avait dit :

"Je propose, sous forme d'amendement, que le camarade Syme soit nommé à ce poste."

« Arrête tout ça, je te le dis ! » s'écria Grégory avec un visage et des mains affolés. "Arrête ça, c'est tout..."

La voix du président accompagne son discours d'un accent froid.

« Est-ce que quelqu'un soutient cet amendement ? » il a dit. Un homme grand et fatigué, aux yeux mélancoliques et à la barbe américaine au menton, a été observé sur la banquette arrière, en train de se relever lentement. Grégory criait depuis quelque temps ; maintenant il y avait un changement dans son accent, plus choquant que n'importe quel cri. «Je mets fin à tout ça!» dit-il d'une voix aussi lourde que la pierre.

« Cet homme ne peut pas être élu. Il est un-"

"Oui," dit Syme, tout à fait immobile, "qu'est-ce que c'est ?" La bouche de Gregory travailla deux fois sans son ; puis lentement, le sang commença à remonter sur son visage mort. «C'est un homme qui n'a aucune expérience dans notre travail», dit-il en s'asseyant brusquement.

Avant qu'il l'eût fait, le long et mince homme à la barbe américaine était de nouveau debout et répétait d'un ton aigu et monocorde américain :

"Je vous prie d'appuyer l'élection du camarade Syme."

"L'amendement sera, comme d'habitude, présenté en premier", a déclaré M. Buttons, le président, avec une rapidité mécanique.

« La question est que le camarade Syme… »

Grégory s'était de nouveau relevé, haletant et passionné.

« Camarades, s'écria-t-il, je ne suis pas un fou. »

"Oh, oh!" dit M. Witherspoon.

« Je ne suis pas un fou, répéta Grégoire avec une sincérité effrayante qui stupéfia un instant la salle, mais je vous donne un conseil que vous pourrez appeler fou si vous voulez. Non, je n'appellerai pas cela un conseil, car je ne peux vous en donner aucune raison. J'appellerai cela une commande. Appelez cela un ordre fou, mais agissez en conséquence. Frappez, mais écoutez-moi ! Tuez-moi, mais obéissez-moi ! N'élisez pas cet homme. La vérité est si terrible, même dans les chaînes, que pendant un instant la victoire mince et insensée de Syme a balancé comme un roseau. Mais on ne pouvait pas le deviner à cause des yeux bleus et sombres de Syme. Il commença simplement :

«Le camarade Gregory commande…»

Puis le sort fut rompu et un anarchiste appela Gregory :

"Qui es-tu? Vous n'êtes pas dimanche ; » » et un autre anarchiste ajouta d'une voix plus lourde : « Et vous n'êtes pas jeudi.

« Camarades », s'écria Grégoire d'une voix semblable à celle d'un martyr qui, dans une extase de douleur, a dépassé la douleur, « peu m'importe que vous me détestiez comme tyran ou comme esclave. Si vous ne prenez pas mon commandement, acceptez ma dégradation. Je m'agenouille devant toi. Je me jette à tes pieds. Je t'en supplie. N'élisez pas cet homme.

"Camarade Gregory", dit le président après une pause douloureuse, "ce n'est vraiment pas tout à fait digne."

Pour la première fois dans les débats, il y eut pendant quelques secondes un véritable silence. Alors Grégory retomba sur son siège, pâle épave d'homme, et le président répéta, comme une horloge qui se remettait en marche tout à coup :

"La question est que le camarade Syme soit élu au poste de jeudi au Conseil général."

Le rugissement s'est élevé comme la mer, les mains se sont levées comme une forêt, et trois minutes après M. Gabriel Syme, de la Police Secrète, a été élu au poste de jeudi au Conseil Général des Anarchistes d'Europe.

Tout le monde dans la pièce semblait sentir le remorqueur qui attendait sur la rivière, le bâton d'épée et le revolver qui attendaient sur la table. Dès que l'élection fut terminée et irrévocable, et que Syme eut reçu le papier prouvant son élection, ils se levèrent tous d'un bond, et les groupes enflammés se remuèrent et se mêlèrent dans la salle. Syme se retrouva, d'une manière ou d'une autre, face à face avec Gregory, qui le regardait toujours avec un regard de haine stupéfait. Ils restèrent silencieux pendant de nombreuses minutes.

"Tu es un diable!" » dit enfin Grégory.

"Et vous êtes un gentleman", dit Syme avec gravité.

« C'est vous qui m'avez piégé, commença Gregory en tremblant de la tête aux pieds, qui m'a piégé dans… »

"Parlez raisonnablement", dit brièvement Syme. « Dans quelle sorte de parlement du diable m'avez-vous piégé, si l'on en arrive à cela ? Tu m'as fait jurer avant de te faire. Peut-être que nous faisons tous les deux ce que nous pensons être juste. Mais ce que nous pensons juste est tellement différent qu'il ne peut y avoir aucune concession entre nous . Il n'y a rien de possible entre nous que l'honneur et la mort. » Il enfila le grand manteau sur ses épaules et ramassa la fiole sur la table.

"Le bateau est tout à fait prêt", a déclaré M. Buttons en s'activant. « Soyez assez bon pour passer par là. »

D'un geste qui révéla le commerçant, il conduisit Syme dans un court passage ferré, Gregory, toujours angoissé, les suivant fébrilement sur leurs talons. Au bout du passage se trouvait une porte que Buttons ouvrit brusquement, montrant soudain une image bleue et argentée de la rivière éclairée par la lune, qui ressemblait à une scène de théâtre. Près de l'ouverture se trouvait une vedette à vapeur sombre et naine, semblable à un bébé dragon avec un œil rouge.

Presque sur le point de monter à bord, Gabriel Syme se tourna vers Gregory, bouche bée.

« Vous avez tenu parole », dit-il doucement, le visage dans l'ombre. « Vous êtes un homme d' honneur et je vous en remercie. Vous l'avez réduit à un petit détail. Il y a une chose spéciale que vous m'avez promise au début de cette liaison, et que vous m'avez certainement donnée à la fin.

"Que veux-tu dire?" s'écria le chaotique Gregory. "Qu'est-ce que je t'ai promis?"

« Une soirée très divertissante », dit Syme, et il fit un salut militaire avec le bâton d'épée tandis que le bateau à vapeur s'éloignait.

CHAPITRE IV.
L'HISTOIRE D'UN DÉTECTEUR

Gabriel Syme n'était pas simplement un détective qui prétendait être un poète ; c'était en réalité un poète devenu détective. Sa haine de l'anarchie n'était pas non plus hypocrite. Il faisait partie de ceux qui sont poussés très tôt dans la vie à adopter une attitude trop conservatrice par la folie ahurissante de la plupart des révolutionnaires. Il ne l'avait atteint par aucune tradition docile. Sa respectabilité était spontanée et soudaine, une rébellion contre la rébellion. Il était issu d'une famille de cinglés, dans laquelle tous les plus âgés avaient les idées les plus récentes. Un de ses oncles se promenait toujours sans chapeau, et un autre avait tenté en vain de se promener avec un chapeau et rien d'autre. Son père cultivait l'art et la réalisation de soi ; sa mère y aimait la simplicité et l'hygiène. C'est pourquoi l'enfant, durant ses années les plus tendres, ne connaissait absolument aucune boisson située entre les extrêmes de l'absinthe et du cacao, pour lesquelles il avait une saine aversion pour l'une et l'autre. Plus sa mère prêchait une abstinence plus que puritaine, plus son père s'étendait vers une latitude plus que païenne ; et au moment où les premiers en étaient arrivés à imposer le végétarisme, les seconds en étaient presque arrivés au point de défendre le cannibalisme.

Étant entouré de toutes sortes de révoltes imaginables dès l'enfance, Gabriel a dû se révolter contre quelque chose, alors il s'est révolté contre la seule chose qui lui restait : la raison. Mais il y avait juste assez en lui du sang de ces fanatiques pour que même sa protestation en faveur du bon sens soit un peu trop féroce pour être sensée. Sa haine de l'anarchie moderne avait aussi été couronnée par un accident. Il se trouvait qu'il marchait dans une rue latérale au moment où un attentat à la dynamite s'est produit. Il avait été aveugle et sourd pendant un moment, puis il avait vu la fumée se dissiper, les vitres brisées et les visages ensanglantés. Après cela, il se comporta comme d'habitude : calme, courtois, plutôt doux ; mais il y avait une partie de son esprit qui n'était pas saine d'esprit. Il ne considérait pas les anarchistes, comme la plupart d'entre nous, comme une poignée d'hommes morbides, mêlant ignorance et intellectualisme. Il les considérait comme un péril immense et impitoyable, comme une invasion chinoise.

Il déversait perpétuellement dans les journaux et leurs corbeilles à papier un torrent de contes, de vers et d'articles violents, avertissant les hommes de ce déluge de négation barbare. Mais il ne semblait pas se rapprocher de son ennemi et, ce qui était pire, pas plus près de gagner sa vie. Alors qu'il arpentait les quais de la Tamise, mordant amèrement un cigare bon marché et ruminant l'avancée de l'Anarchie, il n'y avait pas d'anarchiste avec une bombe dans sa poche aussi sauvage ou aussi solitaire que lui. En fait, il a toujours eu le sentiment que le gouvernement était seul et désespéré, dos au mur. Il était trop chimérique pour s'en occuper autrement.

Il a marché une fois sur le quai sous un coucher de soleil rouge foncé. La rivière rouge reflétait le ciel rouge, et ils reflétaient tous deux sa colère. Le ciel, en effet, était si basané, et la lumière sur la rivière relativement si sinistre, que l'eau semblait presque d'une flamme plus féroce que le coucher de soleil qu'elle reflétait. Cela ressemblait à un véritable courant de feu serpentant sous les vastes cavernes d'un pays souterrain.

Syme était minable à cette époque. Il portait un chapeau de cheminée noir à l'ancienne; il était enveloppé dans un manteau encore plus démodé, noir et en lambeaux ; et la combinaison lui a donné le look des premiers méchants de Dickens et Bulwer Lytton. Aussi sa barbe et ses cheveux jaunes étaient-ils plus négligés et léonins que lorsqu'ils apparaissaient longtemps après, coupés et pointus, sur les pelouses du Parc Saffron. Un long cigare noir et maigre, acheté à Soho pour deux pence , dépassait d'entre ses dents serrées, et dans l'ensemble il ressemblait à un spécimen très satisfaisant des anarchistes contre lesquels il avait juré une guerre sainte. C'est peut-être pour cela qu'un policier sur le quai lui a parlé et lui a dit « Bonsoir ».

Syme, en pleine crise de peurs morbides pour l'humanité, semblait piqué par la simple stupidité du fonctionnaire automatique, une simple masse de bleu dans le crépuscule.

« Une bonne soirée, n'est-ce pas ? » » dit-il sèchement. « Vous, les gars, diriez que la fin du monde est une bonne soirée. Regardez ce foutu soleil rouge et cette foutue rivière ! Je vous dis que si c'était littéralement du sang humain, versé et brillant, vous seriez toujours là, aussi solide que jamais, à chercher un pauvre vagabond inoffensif sur lequel vous pourriez vous en aller. Vous, les policiers, êtes cruels envers les pauvres, mais je pourrais vous pardonner même votre cruauté si ce n'était de votre calme.

« Si nous sommes calmes, répond le policier, c'est le calme de la résistance organisée . »

"Hein?" dit Syme en le regardant fixement.

« Le soldat doit rester calme au cœur de la bataille », poursuit le policier. « Le sang-froid d'une armée fait la colère d'une nation. »

« Bon Dieu, les écoles du conseil ! » » dit Syme. « Est-ce une éducation non confessionnelle ?

«Non», dit tristement le policier, «je n'ai jamais eu aucun de ces avantages. Les Board Schools sont arrivées après mon époque. L'éducation que j'ai reçue était très dure et démodée, j'en ai peur.

"Où l'as-tu eu?" » demanda Syme, perplexe.

"Oh, à Harrow", dit le policier

Les sympathies de classe qui, aussi fausses soient-elles, sont les choses les plus vraies chez tant d'hommes, ont éclaté chez Syme avant qu'il ait pu les contrôler.

"Mais, bon Dieu, mec," dit-il, "tu ne devrais pas être policier!"

Le policier soupira et secoua la tête.

«Je sais», dit-il solennellement, «je sais que je n'en suis pas digne.»

« Mais pourquoi as-tu rejoint la police ? » demanda Syme avec une grossière curiosité.

"Pour la même raison que vous avez abusé de la police", répondit l'autre. « J'ai découvert qu'il y avait une ouverture spéciale dans le service pour ceux dont les craintes pour l'humanité étaient davantage liées aux aberrations de l'intellect scientifique qu'aux épidémies normales et excusables, bien qu'excessives, de la volonté humaine. J'espère que je me fais comprendre.

"Si vous voulez dire que vous exprimez clairement votre opinion", a déclaré Syme, "je suppose que oui. Mais quant à être clair, c'est la dernière chose que vous faites. Comment se fait-il qu'un homme comme vous parle philosophie dans un casque bleu sur les quais de la Tamise ?

"Vous n'avez évidemment pas entendu parler des derniers développements de notre système policier", a répondu l'autre. « Cela ne m'étonne pas. Nous gardons les choses à l'écart de la classe instruite, car c'est dans cette classe que se trouvent la plupart de nos ennemis. Mais vous semblez être exactement dans le bon état d'esprit. Je pense que vous pourriez presque nous rejoindre.

« Vous rejoindre dans quoi ? demanda Syme.

«Je vais vous le dire », dit lentement le policier. « Voilà la situation : le chef de l'un de nos départements, l'un des détectives les plus célèbres d'Europe, estime depuis longtemps qu'une conspiration purement intellectuelle menacerait bientôt l'existence même de la civilisation . Il est certain que les mondes scientifique et artistique sont silencieusement engagés dans une croisade contre la famille et l'État. Il a donc constitué un corps spécial de policiers, des policiers qui sont aussi philosophes. C'est leur affaire d'observer les débuts de cette conspiration, non seulement dans un sens criminel mais dans un sens controversé. Je suis moi-même démocrate et je suis pleinement conscient de la valeur de l'homme ordinaire en matière de valeur ou de vertu ordinaire. Mais il ne serait évidemment pas souhaitable d'employer le simple policier dans une enquête qui est aussi une chasse à l'hérésie.»

Les yeux de Syme brillaient d'une curiosité sympathique.

"Que faites-vous alors?" il a dit.

« Le travail du policier philosophique, répondit l'homme en bleu, est à la fois plus audacieux et plus subtil que celui du détective ordinaire. Le détective ordinaire se rend dans les brasseries pour arrêter les voleurs ; nous allons aux goûters artistiques pour détecter les pessimistes. Le détective ordinaire découvre dans un registre ou un journal qu'un crime a été commis. On découvre dans un livre de sonnets qu'un crime va être commis. Il faut retracer l'origine de ces pensées terribles qui poussent finalement les hommes au fanatisme intellectuel et au crime intellectuel. Nous étions juste à temps pour empêcher l'assassinat de Hartlepool , et cela était entièrement dû au fait que notre M. Wilks (un jeune homme intelligent) comprenait parfaitement un triolet.

« Voulez-vous dire, » demanda Syme, « qu'il y a vraiment autant de liens entre le crime et l'intellect moderne que tout cela ?

« Vous n'êtes pas assez démocrate, répondit le policier, mais vous aviez raison lorsque vous disiez tout à l'heure que notre traitement ordinaire du pauvre criminel était une affaire assez brutale. Je vous dis que j'en ai parfois marre de mon métier quand je vois à quel point cela signifie perpétuellement une simple guerre contre les ignorants et les désespérés. Mais notre nouveau mouvement est une affaire très différente. Nous nions l'hypothèse snob des Anglais selon laquelle les personnes sans instruction sont de dangereux criminels. Nous nous souvenons des empereurs romains. On se souvient des grands princes empoisonneurs de la Renaissance. Nous disons que le criminel dangereux est le criminel instruit. Nous disons que le criminel le plus dangereux aujourd'hui est le philosophe moderne totalement anarchique. Comparés à lui, les cambrioleurs et les bigames sont des hommes essentiellement moraux ; Mon coeur est avec eux. Ils acceptent l'idéal essentiel de l'homme ; ils le recherchent simplement à tort. Les voleurs respectent la propriété. Ils souhaitent simplement que la propriété devienne leur propriété afin de la respecter plus parfaitement. Mais les philosophes n'aiment pas la propriété en tant que propriété ; ils souhaitent détruire l'idée même de possession personnelle. Les bigames respectent le mariage, sinon ils ne passeraient pas par la formalité hautement cérémoniale, voire rituelle, de la bigamie. Mais les philosophes méprisent le mariage en tant que mariage. Les meurtriers respectent la vie humaine ; ils souhaitent simplement atteindre en eux-mêmes une plus grande plénitude de vie humaine en sacrifiant ce qui leur semble être des vies moindres. Mais les philosophes détestent la vie elle-même, la leur autant que celle des autres.»

Syme joignit les mains.

« Comme c'est vrai ! » s'écria-t-il. «Je l'ai ressenti depuis mon enfance, mais je n'ai jamais pu exprimer l'antithèse verbale. Le criminel de droit commun est un homme méchant, mais au moins il est, pour ainsi dire, un homme bon sous certaines conditions. Il dit que si seulement un certain obstacle est levé – par exemple un oncle riche – il est alors prêt à accepter l'univers et à louer Dieu. C'est un réformateur, mais pas un anarchiste. Il souhaite purifier l'édifice, mais non le détruire. Mais le mauvais philosophe ne cherche pas à modifier les choses, mais à les anéantir. Oui, le monde moderne a conservé toutes ces parties du travail policier qui sont réellement oppressives et ignominieuses, le harcèlement des pauvres, l'espionnage des malheureux. Il a renoncé à son travail le plus digne, à savoir le châtiment des puissants traîtres dans l'État et des puissants hérésiarques dans l'Église. Les modernes disent qu'il ne faut pas punir les hérétiques. Mon seul doute est de savoir si nous avons le droit de punir quelqu'un d'autre.

"Mais c'est absurde !" s'écria le policier en joignant les mains avec une excitation peu commune chez des personnes de sa taille et de son costume, mais c'est intolérable ! Je ne sais pas ce que tu fais, mais tu gâches ta vie. Vous devez, vous devez, rejoindre notre armée spéciale contre l'anarchie. Leurs armées sont à nos frontières. Leur verrou est prêt à tomber. Encore un instant, et vous risquez de perdre la gloire de travailler avec nous, peut-être la gloire de mourir avec les derniers héros du monde.

« C'est une chance à ne pas manquer, certes, » acquiesça Syme, « mais je ne comprends toujours pas très bien. Je sais mieux que quiconque que le monde moderne est plein de petits hommes sans foi ni loi et de petits mouvements fous. Mais, si bestiaux qu'ils soient, ils ont généralement le seul mérite de ne pas être d'accord les uns avec les autres. Comment pouvez-vous parler de leur direction d'une armée ou de leur lancement d'un seul éclair. Quelle est cette anarchie ?

« Ne la confondez pas, » répondit le connétable, « avec ces explosions de dynamite fortuites venues de Russie ou d'Irlande, qui sont en réalité les explosions d'hommes opprimés, s'ils se trompent. Il s'agit d'un vaste mouvement philosophique, constitué d'un anneau extérieur et d'un anneau intérieur. Vous pourriez même appeler le cercle extérieur les laïcs et le cercle intérieur le sacerdoce. Je préfère appeler le cercle extérieur la section innocente, et le cercle intérieur la section suprêmement coupable. Le cercle extérieur – la masse principale de leurs partisans – est constitué de simples anarchistes ; c'est-à-dire des hommes qui croient que les règles et les formules ont détruit le bonheur humain. Ils croient que tous les effets néfastes de la criminalité humaine sont le résultat du système qui l'a qualifié de crime. Ils ne croient pas que le crime crée la punition. Ils croient que la punition a créé le crime. Ils croient que si un homme séduisait sept femmes, il s'en sortirait naturellement aussi irréprochable que les fleurs du printemps. Ils croient que si un homme faisait les poches , il se sentirait naturellement extrêmement bien. C'est ce que j'appelle la section innocente.

"Oh!" » dit Syme.

« Naturellement, ces gens parlent donc de « temps heureux à venir » ; « le paradis du futur » ; « l'humanité libérée de l'esclavage du vice et de l'esclavage de la vertu », et ainsi de suite. Et c'est ainsi que parlent aussi les hommes du cercle restreint : le sacerdoce sacré. Ils parlent aussi, devant les foules applaudies, du bonheur de l'avenir et de l'humanité enfin libérée. Mais dans leur bouche — et le policier baissa la voix —, dans leur bouche ces phrases joyeuses ont un sens horrible. Ils ne se font aucune illusion ; ils sont trop intellectuels pour penser que l'homme sur cette terre pourra un jour être tout à fait libre du péché originel et de la lutte. Et ils veulent dire la mort. Quand ils disent que l'humanité sera enfin libre, ils veulent dire qu'elle se suicidera. Quand ils parlent d'un paradis sans bien ni mal, ils parlent de la tombe.

« Ils n'ont que deux objectifs : détruire d'abord l'humanité, puis eux-mêmes. C'est pourquoi ils lancent des bombes au lieu de tirer avec des pistolets. La base innocente est déçue parce que la bombe n'a pas tué le roi ; mais le grand sacerdoce est heureux parce qu'il a tué quelqu'un.

« Comment puis-je vous rejoindre ? » demanda Syme avec une sorte de passion.

« Je sais pertinemment qu'il y a un poste vacant en ce moment, dit le policier, car j'ai l' honneur d'être quelque peu dans la confiance du chef dont j'ai parlé. Tu devrais vraiment venir le voir. Ou plutôt, je ne devrais pas dire le voir, personne ne le voit jamais ; mais tu peux lui parler si tu veux.

"Téléphone?" » demanda Syme avec intérêt.

« Non, » répondit placidement le policier, « il a envie de toujours s'asseoir dans une pièce plongée dans l'obscurité totale. Il dit que cela rend ses pensées plus lumineuses. Venez donc.

Un peu abasourdi et considérablement excité, Syme se laissa conduire vers une porte latérale dans la longue rangée d'immeubles de Scotland Yard. Presque avant qu'il sache ce qu'il faisait, il fut passé entre les mains d'environ quatre fonctionnaires intermédiaires et fut soudainement conduit dans une pièce dont l'obscurité abrupte le surprit comme un éclat de lumière. Ce n'était pas l'obscurité ordinaire, dans laquelle les formes peuvent être vaguement tracées ; c'était comme devenir soudainement aveugle.

« Es-tu la nouvelle recrue ? » demanda une voix lourde.

Et d'une manière étrange, même s'il n'y avait pas l'ombre d'une forme dans l'obscurité, Syme savait deux choses : premièrement, qu'elle venait d'un homme de stature massive ; et deuxièmement, que l'homme lui tournait le dos.

« Es-tu la nouvelle recrue ? » dit le chef invisible, qui semblait tout savoir. "D'accord. Tu es fiancé."

Syme, tout à fait bouleversé, lutta faiblement contre cette phrase irrévocable.

"Je n'ai vraiment aucune expérience", a-t-il commencé.

« Personne n'a l'expérience de la bataille d'Harmaguédon », dit l'autre.

"Mais je suis vraiment inapte..."

"Vous le voulez bien, cela suffit", dit l'inconnu.

"Eh bien, vraiment", dit Syme, "je ne connais aucune profession pour laquelle la simple volonté est le test final."

« Oui, » répondirent les autres … « martyrs. Je te condamne à mort. Bonne journée."

ainsi que lorsque Gabriel Syme ressortit dans la lumière cramoisie du soir, avec son chapeau noir miteux et son manteau miteux et anarchique, il en ressortit membre du Nouveau Corps de Détectives pour la frustration de la grande conspiration. Agissant sous les conseils de son ami le policier (qui était professionnellement enclin à la propreté), il se coupa les cheveux et la barbe, acheta un bon chapeau, s'habilla d'un exquis costume d'été de couleur bleu-gris clair, avec une fleur jaune pâle dans le boutonnière, et, en un mot, il devint cette personne élégante et un peu insupportable que Grégory avait rencontrée pour la première fois dans le petit jardin de Saffron Park. Avant de quitter définitivement les locaux de la police, son ami lui a remis une petite carte bleue sur laquelle était écrit « La Dernière Croisade » et un numéro, signe de son autorité officielle. Il le mit soigneusement dans la poche supérieure de son gilet, alluma une cigarette et partit traquer et combattre l'ennemi dans tous les salons de Londres. Nous avons déjà vu où son aventure l' a finalement conduit . Vers une heure et demie d'une nuit de février , il s'est retrouvé à bord d'un petit remorqueur remontant la Tamise silencieuse, armé d'une épée et d'un revolver, le dûment élu jeudi du Conseil central des anarchistes.

Lorsque Syme monta sur le remorqueur à vapeur, il eut la singulière sensation de se lancer dans quelque chose d'entièrement nouveau ; non seulement dans le paysage d'un nouveau pays, mais même dans le paysage d'une nouvelle planète. Cela était principalement dû à la décision insensée mais solide de ce soir-là, mais aussi en partie à un tout changement de temps et de ciel depuis qu'il était entré dans la petite taverne environ deux heures auparavant. Toute trace du plumage passionné du coucher de soleil nuageux avait été balayée, et une lune nue se dressait dans un ciel nu. La lune était si forte et si pleine que (par un paradoxe souvent remarqué) elle semblait être un soleil plus faible. Cela donnait non pas l'impression d'un clair de lune brillant, mais plutôt d'une lumière du jour morte.

Sur tout le paysage s'étendait une décoloration lumineuse et peu naturelle, comme celle de ce crépuscule désastreux dont Milton parlait comme projeté par le soleil en éclipse ; de sorte que Syme tomba facilement dans sa première pensée, qu'il se trouvait en réalité sur une autre planète plus vide, qui tournait autour d'une étoile plus triste. Mais plus il ressentait cette désolation étincelante dans le pays éclairé par la lune, plus sa propre folie chevaleresque brillait dans la nuit comme un grand feu. Même les objets ordinaires qu'il transportait avec lui – la nourriture, l'eau-de-vie et le pistolet chargé – prenaient exactement cette poésie concrète et matérielle qu'un enfant ressent lorsqu'il emporte un fusil en voyage ou un petit pain avec lui au lit. Le bâton d'épée et le flacon de cognac, bien qu'en eux-mêmes n'étaient que des outils de conspirateurs morbides, devinrent les expressions de sa propre romance plus saine . Le bâton-épée devint presque l'épée de la chevalerie, et l'eau-de-vie le vin de l'étrier. Car même les fantasmes modernes les plus déshumanisés dépendent d'une figure plus ancienne et plus simple ; les aventures peuvent être folles, mais l'aventurier doit être sain d'esprit. Le dragon sans Saint-Georges ne serait même pas grotesque. Ce paysage inhumain n'était donc imaginatif que par la présence d'un homme réellement humain. Pour l'esprit exagéré de Syme, les maisons et les terrasses lumineuses et sombres au bord de la Tamise semblaient aussi vides que les montagnes de la lune. Mais même la lune n'est poétique que parce qu'il y a un homme sur la lune.

Le remorqueur était actionné par deux hommes et, avec beaucoup de labeur, il avançait relativement lentement. La lune claire qui avait éclairé Chiswick s'était couchée au moment où ils passèrent devant Battersea, et lorsqu'ils arrivèrent sous l'énorme masse de Westminster, le jour commençait déjà à se lever. Il se brisa comme de gros lingots de plomb, laissant apparaître des lingots d'argent ; et celles-ci s'étaient éclairées comme un feu blanc lorsque le remorqueur, changeant de cap, se tourna vers l'intérieur vers un grand débarcadère un peu au-delà de Charing Cross.

Les grosses pierres du remblai semblaient tout aussi sombres et gigantesques lorsque Syme les regardait. Ils étaient grands et noirs sur l'immense aube blanche. Ils lui donnaient l'impression qu'il atterrissait sur les marches colossales de quelque palais égyptien ; et, en effet, la chose convenait à son humeur, car il était, dans son esprit, prêt à attaquer les trônes solides de rois horribles et païens. Il sauta hors du bateau sur une marche gluante et se tint debout, silhouette sombre et élancée, au milieu de l'énorme maçonnerie. Les deux hommes du remorqueur l'ont de nouveau éloigné et ont remonté le courant. Ils n'avaient jamais dit un mot.

CHAPITRE V.
LA FÊTE DE LA PEUR

D'abord, le grand escalier de pierre parut à Syme aussi désert qu'une pyramide ; mais avant d'atteindre le sommet , il s'était rendu compte qu'il y avait un homme penché sur le parapet du remblai et regardant de l'autre côté de la rivière. En tant que personnage, il était tout à fait conventionnel, vêtu d'un chapeau de soie et d'une redingote de la mode la plus formelle ; il avait une fleur rouge à la boutonnière. À mesure que Syme se rapprochait pas à pas de lui, il ne bougeait même pas un cheveu ; et Syme pouvait s'approcher suffisamment pour remarquer, même dans la faible et pâle lumière du matin, que son visage était long, pâle et intellectuel, et se terminait par une petite touffe triangulaire de barbe noire à la pointe même du menton, tout le reste étant rasé de près. . Cette mèche de cheveux semblait presque être un simple oubli ; le reste du visage était du type le mieux rasé : net, ascétique et noble à sa manière. Syme se rapprochait de plus en plus, notant tout cela, et la silhouette ne bougeait toujours pas.

Au début, un instinct avait dit à Syme que c'était l'homme qu'il était censé rencontrer. Puis, voyant que l'homme ne faisait aucun signe, il avait conclu que non. Et maintenant, il était revenu à la certitude que cet homme avait quelque chose à voir avec sa folle aventure. Car l'homme restait plus immobile qu'il n'aurait été naturel si un étranger s'était approché si près. Il était immobile comme un tableau de cire et, de la même manière, il énervait un peu. Syme regarda encore et encore le visage pâle, digne et délicat, et le visage semblait toujours vide de l'autre côté de la rivière. Puis il sortit de sa poche le billet de Buttons prouvant son élection et le plaça devant ce triste et beau visage. Alors l'homme sourit, et son sourire fut un choc, car tout était d'un côté, montant sur la joue droite et descendant sur la gauche.

Il n'y avait rien, rationnellement parlant, qui puisse effrayer qui que ce soit. Beaucoup de gens ont cette astuce nerveuse du sourire tordu, et chez beaucoup, il est même attrayant. Mais dans toutes les circonstances dans lesquelles Syme se trouvait, avec l'aube sombre, la course mortelle et la solitude sur les grandes pierres dégoulinantes, il y avait quelque chose de troublant.

Il y avait la rivière silencieuse et l'homme silencieux, un homme au visage même classique. Et il y a eu le dernier contact cauchemardesque qui a fait que son sourire s'est soudainement détérioré.

Le spasme du sourire fut instantané, et le visage de l'homme tomba aussitôt dans sa mélancolie harmonieuse. Il parlait sans autre explication ni questionnement, comme un homme parlant à un vieux collègue.

« Si nous marchons vers Leicester Square, dit-il, nous arriverons juste à l'heure pour le petit-déjeuner. Le dimanche insiste toujours sur un petit-déjeuner matinal. As-tu dormi ?

"Non", a déclaré Syme.

"Moi non plus", répondit l'homme d'un ton ordinaire. "J'essaierai de me coucher après le petit-déjeuner."

Il parlait avec une civilité désinvolte, mais d'une voix totalement morte qui contredisait le fanatisme de son visage. Il semblait presque que toutes les paroles amicales étaient pour lui une commodité sans vie et que sa seule vie était la haine. Après une pause, l'homme reprit la parole.

« Bien sûr, le secrétaire de la branche vous a dit tout ce qu'on pouvait dire. Mais la seule chose qui ne peut jamais être révélée est la dernière idée du Président, car ses idées poussent comme une forêt tropicale. Donc, au cas où vous ne le sauriez pas, je ferais mieux de vous dire qu'il met en œuvre son idée de nous cacher en ne nous cachant pas jusqu'aux limites les plus extraordinaires pour le moment. À l'origine, bien sûr, nous nous rencontrions dans une cellule souterraine, tout comme votre branche. Puis dimanche nous a fait prendre une chambre privée dans un restaurant ordinaire. Il a dit que si vous ne sembliez pas vous cacher, personne ne vous traquait. Eh bien, il est le seul homme sur terre, je sais ; mais parfois je pense vraiment que son énorme cerveau devient un peu fou avec la vieillesse. Pour l'instant, nous nous exhibons devant le public. Nous prenons notre petit-déjeuner sur un balcon – sur un balcon, s'il vous plaît – surplombant Leicester Square.

« Et que disent les gens ? demanda Syme.

"C'est bien simple ce qu'ils disent", répondit son guide. "Ils disent que nous sommes une bande de joyeux gentlemen qui se font passer pour des anarchistes."

"Cela me semble une idée très intelligente", a déclaré Syme.

"Intelligent! Dieu fasse exploser ton impudence ! Intelligent!" s'écria l'autre d'une voix soudaine et aiguë, aussi surprenante et discordante que son sourire en coin. "Quand vous aurez vu Sunday pendant une fraction de seconde , vous cesserez de le traiter d'intelligent."

Sur ce, ils sortirent d'une rue étroite et virent les premiers rayons du soleil remplir Leicester Square. On ne saura jamais, je suppose, pourquoi cette place elle-même devrait paraître si étrangère et, à certains égards, si continentale. On ne saura jamais si c'est le look étranger qui a attiré les étrangers ou si ce sont les étrangers qui lui ont donné ce look étranger. Mais ce matin-là, l'effet semblait singulièrement brillant et clair. Entre la place ouverte et les feuilles ensoleillées et la statue et les contours sarrasins de l'Alhambra, elle ressemblait à la réplique d'une place publique française ou même espagnole. Et cet effet augmentait chez Syme la sensation qu'il avait éprouvée sous de nombreuses formes tout au long de l'aventure, la sensation étrange d'être égaré dans un monde nouveau. En fait, il achetait de mauvais cigares autour de Leicester Square depuis qu'il était enfant. Mais en tournant ce coin et en apercevant les arbres et les coupoles maures, il aurait juré qu'il se dirigeait vers une place inconnue de je ne sais quoi, dans quelque ville étrangère.

A un coin de la place se projetait une sorte d'angle d'un hôtel prospère mais tranquille, dont la majeure partie appartenait à une rue en arrière-plan. Dans le mur, il y avait une grande porte-fenêtre, probablement la fenêtre d'un grand café ; et devant cette fenêtre, surplombant presque littéralement la place, se trouvait un balcon formidablement renforcé, assez grand pour contenir une table à manger. En fait, elle contenait une table à manger, ou plus strictement une table pour le petit-déjeuner ; et autour de la table du petit-déjeuner, brillant au soleil et visible dans la rue, se trouvait un groupe d'hommes bruyants et bavards, tous habillés avec l'insolence de la mode, avec des gilets blancs et des boutonnières coûteuses. Certaines de leurs plaisanteries pouvaient presque être entendues de l'autre côté de la place. Puis le grave secrétaire eut un sourire contre nature, et Syme comprit que ce petit-déjeuner bruyant était le conclave secret des Dynamiters européens.

Puis, alors que Syme continuait de les regarder, il vit quelque chose qu'il n'avait jamais vu auparavant. Il ne l'avait pas vu littéralement parce qu'il était trop grand pour être vu. À l'extrémité la plus proche du balcon, bloquant une grande partie de la perspective, se trouvait le dos d'une grande montagne d'homme. Quand Syme l'avait vu, sa première pensée fut que son poids allait briser le balcon de pierre. Son immensité ne résidait pas seulement dans le fait qu'il était anormalement grand et incroyablement gros. Cet homme a été énormément conçu dans ses proportions originales, comme une statue sculptée volontairement comme colossale. Sa tête, couronnée de cheveux blancs, vue de derrière, paraissait plus grosse qu'une tête ne devrait l'être. Les oreilles qui en dépassaient semblaient plus grandes que les oreilles humaines. Il était terriblement agrandi à l'échelle ; et cette sensation de taille était si stupéfiante que, lorsque Syme le vit, toutes les autres figures semblèrent tout à coup diminuer et devenir naines. Ils étaient toujours assis là comme avant avec leurs fleurs et leurs redingotes, mais maintenant il semblait que le grand homme invitait cinq enfants à prendre le thé.

Alors que Syme et le guide s'approchaient de la porte latérale de l'hôtel, un serveur en sortit souriant de toutes ses dents.

"Les messieurs sont là-haut, sare ", dit-il. «Ils parlent et rient de ce qu'ils disent. Ils disent qu'ils lanceront des bombes sur le roi.

Et le garçon s'éloigna en toute hâte, une serviette sur le bras, très content de la singulière frivolité des messieurs d'en haut.

Les deux hommes montèrent les escaliers en silence.

Syme n'avait jamais pensé à demander si l'homme monstrueux qui avait failli remplir et briser le balcon était le grand président dont les autres étaient en admiration. Il savait qu'il en était ainsi, avec une certitude inexplicable mais instantanée. Syme, en effet, était un de ces hommes qui sont ouverts à des influences psychologiques d'autant plus innommables à un degré un peu dangereux pour la santé mentale. Totalement dépourvu de peur des dangers physiques, il était beaucoup trop sensible à l'odeur du mal spirituel. Deux fois déjà cette nuit-là, de petites choses insignifiantes lui étaient apparues d'une manière presque lascive et lui avaient donné le sentiment de se rapprocher de plus en plus du quartier général de l'enfer. Et ce sentiment devint envahissant à mesure qu'il se rapprochait du grand président.

La forme que cela prenait était une fantaisie enfantine et pourtant haineuse. A mesure qu'il traversait la pièce intérieure vers le balcon, le grand visage de Dimanche devenait de plus en plus grand ; et Syme était saisi par la peur que lorsqu'il serait tout près, le visage serait trop grand pour être possible et qu'il crierait à haute voix. Il se souvint que lorsqu'il était enfant, il ne regardait pas le masque de Memnon au British Museum, parce que c'était un visage et qu'il était si grand.

Par un effort plus courageux que celui de sauter par-dessus une falaise, il se dirigea vers une place vide à la table du petit déjeuner et s'assit. Les hommes l'accueillirent avec des railleries de bonne humeur comme s'ils l'avaient toujours connu. Il se dégrisa un peu en regardant leurs manteaux conventionnels et leur cafetière solide et brillante ; puis il regarda de nouveau dimanche. Son visage était très grand, mais c'était toujours possible pour l'humanité.

En présence du président, toute la compagnie paraissait assez banale ; rien chez eux n'attirait d'abord l'attention, si ce n'est que, par le caprice du président, ils avaient été habillés avec une respectabilité de fête, ce qui donnait au repas des allures de petit-déjeuner de noces. Un homme se distinguait en effet même au premier regard. Il était au moins le Dynamiter commun ou de jardin. Il portait en effet le haut col blanc et la cravate de satin qui constituaient l'uniforme de l'occasion ; mais de ce collier sortait une tête tout à fait ingérable et tout à fait indubitable, un buisson ahurissant de cheveux bruns et de barbe qui obscurcissait presque les yeux comme ceux d'un Skye terrier. Mais les yeux semblaient hors de l'enchevêtrement, et c'étaient les yeux tristes d'un serf russe. L'effet de ce personnage n'était pas terrible comme celui du Président, mais il avait toutes les diableries qu'on peut tirer du tout à fait grotesque. Si de cette cravate et de ce collier raides était sortie brusquement une tête de chat ou de chien, le contraste n'aurait pas pu être plus idiot.

Il semblait que le nom de cet homme était Gogol ; il était Polonais, et dans ce cercle de jours on l'appelait mardi. Son âme et ses paroles étaient incurablement tragiques ; il ne pouvait pas se forcer à jouer le rôle prospère et frivole que lui demandait le président Sunday. Et en effet, lorsque Syme est arrivé au pouvoir, le Président, avec ce mépris audacieux des soupçons du public qui était sa politique, était en fait en train de plaisanter Gogol sur son incapacité à assumer les grâces conventionnelles.

« Notre ami Tuesday, dit le président d'une voix grave à la fois calme et volumineuse, notre ami Tuesday ne semble pas saisir l'idée. Il s'habille comme un gentleman, mais il semble être une âme trop grande pour se comporter comme tel. Il insiste sur les manières du conspirateur de scène. Maintenant, si un gentleman se promène à Londres avec un haut-de-forme et une redingote, personne n'a besoin de savoir qu'il est anarchiste. Mais si un gentleman met un haut-de-forme et une redingote, puis se met à quatre pattes, eh bien, il peut attirer l'attention. C'est ce que fait frère Gogol. Il se met à quatre pattes avec une diplomatie si inépuisable qu'à ce moment-là, il lui est très difficile de marcher debout.

« Je ne suis pas doué pour la dissimulation », dit Gogol d'un ton maussade, avec un fort accent étranger ; "Je n'ai pas honte de cette cause."

" Oui , vous l'êtes, mon garçon, et votre cause aussi", dit le président avec bonhomie. « Vous vous cachez autant que n'importe qui ; mais tu ne peux pas le faire, tu vois, tu es un tel con ! Vous essayez de combiner deux méthodes incohérentes. Lorsqu'un chef de famille trouve un homme sous son lit, il s'arrêtera probablement pour noter la situation. Mais s'il trouve sous son lit un homme coiffé d'un haut-de-forme, vous conviendrez avec moi, mon cher mardi, qu'il ne risque même pas de l'oublier. Maintenant, quand on vous a retrouvé sous le lit de l'amiral Biffin...

"Je ne suis pas doué pour la tromperie", a déclaré mardi d'un ton sombre, en rougissant.

"C'est vrai, mon garçon, c'est vrai", dit le président avec une cordialité lourde, "tu n'es bon en rien."

Tandis que la conversation se poursuivait, Syme regardait plus attentivement les hommes qui l'entouraient. Ce faisant, il sentit progressivement tout son sentiment de quelque chose de spirituellement étrange revenir.

Il avait d'abord pensé qu'ils étaient tous de stature et de costume communs, à l'exception évidente du Gogol poilu. Mais en regardant les autres, il commença à voir chez chacun d'eux exactement ce qu'il avait vu chez l'homme au bord de la rivière, un détail démoniaque quelque part. Ce rire déséquilibré, qui défigurait soudain le beau visage de son premier guide, était typique de tous ces types. Chaque homme avait en lui quelque chose, perçu peut-être au dixième ou au vingtième regard, qui n'était pas normal et qui ne semblait guère humain. La seule métaphore à laquelle il pouvait penser était celle-ci : ils ressemblaient tous à ce que ressembleraient des hommes de mode et de présence, avec la touche supplémentaire donnée par un faux miroir incurvé.

Seuls les exemples isolés exprimeront cette excentricité à moitié dissimulée. Le cicerone original de Syme portait le titre de lundi ; il était le secrétaire du Conseil, et son sourire tordu était considéré avec plus de terreur qu'autre chose, à l'exception du rire horrible et joyeux du président. Mais maintenant que Syme disposait de plus d'espace et de lumière pour l'observer, il y avait d'autres touches. Son beau visage était si émacié, que Syme pensa qu'il devait être dévasté par quelque maladie ; pourtant, d'une manière ou d'une autre, la détresse même de ses yeux sombres niait cela. Ce n'était pas une maladie physique qui le troublait. Ses yeux étaient vivants de torture intellectuelle, comme si la pensée pure était une douleur.

Il était typique de chacune des tribus ; chaque homme avait tort, subtilement et différemment. À côté de lui était assis mardi Gogol, l'ébouriffé, un homme visiblement plus fou. C'était ensuite mercredi, un certain marquis de Saint-Eustache, personnage assez caractéristique. Les premiers regards ne trouvèrent rien d'inhabituel chez lui, sauf qu'il était le seul homme à table qui portait les vêtements à la mode comme s'ils étaient vraiment les siens. Il avait une barbe française noire coupée en carré et une redingote anglaise noire encore plus carrée. Mais Syme, sensible à de telles choses, avait l'impression que l'homme portait en lui une atmosphère riche, une atmosphère riche qui étouffait. Cela rappelait irrationnellement les odeurs somnolentes et les lampes éteintes dans les poèmes les plus sombres de Byron et de Poe. Avec cela s'est ajouté le sentiment qu'il était vêtu, non pas de couleurs plus claires , mais de matériaux plus doux ; son noir semblait plus riche et plus chaud que les nuances noires qui l'entouraient, comme s'il était composé de couleurs profondes . Son pelage noir semblait n'être que noir en étant d'un violet trop dense. Sa barbe noire semblait n'être que noire à cause de son bleu trop profond. Et dans l'obscurité et l'épaisseur de la barbe, sa bouche rouge foncé paraissait sensuelle et méprisante. Quoi qu'il soit, il n'était pas Français ; il pourrait être juif; il pourrait être quelque chose de plus profond encore au cœur sombre de l'Orient. Dans les carreaux persans aux couleurs vives et les images représentant des tyrans chassant, vous verrez peut-être ces yeux en amande, ces barbes bleu-noir, ces lèvres cruelles et cramoisies.

Vint ensuite Syme, et ensuite un très vieil homme, le professeur de Worms, qui occupait toujours la chaire de vendredi, même si chaque jour on s'attendait à ce que sa mort la laisse vide. À l'exception de son intellect, il était dans la dernière dissolution de la décadence sénile. Son visage était aussi gris que sa longue barbe grise, son front était relevé et finalement fixé dans un sillon de léger désespoir. Dans aucun autre cas, pas même celui de Gogol, l'éclat de la robe du matin du marié n'a exprimé un contraste plus douloureux. Car la fleur rouge de sa boutonnière se détachait sur un visage littéralement décoloré comme du plomb ; tout cet effet hideux était comme si des dandys ivres avaient mis leurs vêtements sur un cadavre. Lorsqu'il se levait ou s'asseyait, ce qui était un long travail et un péril, quelque chose de pire s'exprimait qu'une simple faiblesse, quelque chose d'indéfinissable lié à l'horreur de toute la scène. Il n'exprimait pas seulement la décrépitude, mais la corruption. Une autre idée haineuse traversa l'esprit frémissant de Syme. Il ne pouvait s'empêcher de penser que chaque fois que l'homme bougeait, une jambe ou un bras pouvait tomber.

Tout au fond était assis l'homme appelé Saturday, le plus simple et le plus déroutant de tous. C'était un homme petit et carré, au visage sombre et carré, rasé de près, un médecin du nom de Bull. Il avait ce mélange de *savoir-faire* et d'une sorte de grossièreté soignée qui n'est pas rare chez les jeunes médecins. Il portait ses beaux vêtements avec assurance plutôt qu'aisance, et il arborait surtout un sourire figé. Il n'y avait rien d'étrange chez lui, si ce n'est qu'il portait une paire de lunettes sombres, presque opaques. Il s'agissait peut-être simplement d'un crescendo d'imagination nerveuse, mais ces disques noirs étaient épouvantables pour Syme ; ils lui rappelaient des histoires laides à moitié mémorisées, une histoire de pièces de monnaie placées sur les yeux des morts. Le regard de Syme captait toujours les lunettes noires et le sourire aveugle. Si le professeur mourant les avait portés, ou même le pâle secrétaire, ils auraient été appropriés. Mais pour l'homme plus jeune et plus grossier, ils ne semblaient qu'une énigme. Ils ont emporté la clé du visage. On ne pouvait pas dire ce que signifiaient son sourire ou sa gravité. En partie à cause de cela, et en partie parce qu'il avait une virilité vulgaire qui manquait à la plupart des autres, Syme sembla qu'il pouvait être le plus méchant de tous ces méchants hommes. Syme avait même pensé que ses yeux pourraient être cachés parce qu'ils étaient trop effrayants pour être vus.

CHAPITRE VI.
L'EXPOSITION

Tels étaient les six hommes qui avaient juré de détruire le monde. À maintes reprises , Syme s'efforçait de rassembler son bon sens en leur présence. Parfois, il voyait un instant que ces notions étaient subjectives, qu'il ne regardait que des hommes ordinaires, dont l'un était vieux, un autre nerveux, un autre myope. Le sentiment d'un symbolisme contre nature revenait toujours en lui. Chaque personnage semblait se trouver, d'une manière ou d'une autre, à la frontière des choses, tout comme leur théorie était à la frontière de la pensée. Il savait que chacun de ces hommes se trouvait, pour ainsi dire, à l'extrémité d'un chemin de raisonnement sauvage. Il ne pouvait qu'imaginer, comme dans une fable du vieux monde, que si un homme se dirigeait vers l'ouest jusqu'au bout du monde , il trouverait quelque chose – disons un arbre – qui était plus ou moins qu'un arbre, un arbre possédé par un esprit ; et que s'il allait vers l'est jusqu'au bout du monde, il trouverait autre chose qui n'était pas entièrement lui-même – une tour, peut-être, dont la forme même était méchante. Ces figures semblaient donc se dresser, violentes et inexplicables, sur un horizon ultime, des visions du bord. Les extrémités de la terre se rapprochaient.

Les discussions se poursuivaient régulièrement tandis qu'il observait la scène ; et le contraste entre le ton facile et discret de la conversation et son contenu terrible n'était pas le moindre des contrastes de cette table de petit-déjeuner déconcertante. Ils étaient plongés dans la discussion d'un complot réel et immédiat. Le serveur du rez-de-chaussée avait parfaitement raison lorsqu'il avait dit qu'ils parlaient de bombes et de rois. Trois jours seulement après, le tsar devait rencontrer le président de la République française à Paris, et autour de leurs œufs au bacon sur leur balcon ensoleillé, ces messieurs rayonnants avaient décidé comment tous deux mourraient. Même l'instrument a été choisi ; c'était apparemment le marquis à barbe noire qui devait porter la bombe.

D'ordinaire, la proximité de ce crime positif et objectif aurait dégrisé Syme et l'aurait guéri de tous ses tremblements purement mystiques. Il n'aurait pensé à rien d'autre qu'à la nécessité de sauver au moins deux corps humains d'être mis en pièces par le fer et les gaz rugissants. Mais la vérité était qu'à cette époque il commençait à ressentir une troisième sorte de peur, plus perçante et plus pratique que sa répulsion morale ou sa responsabilité sociale. Très simplement, il n'avait aucune crainte à revendre pour le président français ou le tsar ; il avait commencé à craindre pour lui-même. La plupart des orateurs ne lui prêtèrent guère attention, débattant maintenant avec leurs visages plus rapprochés et presque uniformément graves, sauf lorsque, pendant un instant, le sourire du secrétaire traversa son visage alors que les éclairs déchiquetés couraient de travers dans le ciel. Mais il y avait une chose persistante qui troubla d'abord Syme et qui finit par le terrifier. Le président le regardait toujours, fixement, et avec un intérêt grand et déconcertant. L'énorme homme était plutôt silencieux, mais ses yeux bleus sortaient de sa tête. Et ils étaient toujours fixés sur Syme.

Syme se sentit poussé à se relever et à sauter par-dessus le balcon. Lorsque les yeux du Président étaient fixés sur lui , il avait l'impression d'être fait de verre. Il n'avait guère l'ombre d'un doute sur le fait que, d'une manière silencieuse et extraordinaire, Sunday avait découvert qu'il était un espion. Il regarda par-dessus le bord du balcon et vit un policier, debout distraitement juste en dessous, regardant les balustrades lumineuses et les arbres ensoleillés.

Alors tomba sur lui la grande tentation qui allait le tourmenter pendant plusieurs jours. En présence de ces hommes puissants et repoussants qu'étaient les princes de l'anarchie, il avait presque oublié la figure frêle et fantaisiste du poète Grégoire, simple esthète de l'anarchisme. Il pensait même à lui maintenant avec une ancienne gentillesse, comme s'ils avaient joué ensemble quand ils étaient enfants. Mais il se rappelait qu'il était toujours lié à Grégoire par une grande promesse. Il avait promis de ne jamais faire ce qu'il se sentait maintenant presque en train de faire. Il avait promis de ne pas sauter par-dessus ce balcon pour parler à ce policier. Il retira sa main froide de la balustrade de pierre froide. Son âme oscillait dans le vertige de l'indécision morale. Il lui suffisait de rompre le fil d'un vœu téméraire fait à une société infâme, et toute sa vie pourrait être aussi ouverte et ensoleillée que la place sous ses pieds. Il lui suffisait, en revanche, de conserver son honneur désuet et d'être livré petit à petit au pouvoir de ce grand ennemi de l'humanité, dont l'intellect même était une chambre de torture. Chaque fois qu'il regardait vers la place, il voyait le policier à l'aise, pilier du bon sens et de l'ordre commun. Chaque fois qu'il regardait la table du petit-déjeuner, il voyait le président toujours l'observer tranquillement avec de grands yeux insupportables.

Dans tout le torrent de ses pensées, deux pensées ne lui traversèrent jamais l'esprit. Premièrement, il ne lui est jamais venu à l'esprit de douter que le Président et son Conseil pourraient l'écraser s'il continuait à se tenir seul. Le lieu a beau être public, le projet peut paraître impossible. Mais Sunday n'était pas homme à se comporter aussi facilement sans avoir, d'une manière ou d'une autre, ouvert son piège de fer. Soit par empoisonnement anonyme, soit par accident de rue, par hypnotisme ou par feu de l'enfer, le dimanche pourrait certainement le frapper. S'il défiait l' homme, il était probablement mort, soit frappé raide sur sa chaise, soit longtemps après, comme par une maladie innocente. S'il appelait promptement la police, arrêtait tout le monde, racontait tout, et opposait contre elle toute l'énergie de l'Angleterre, il s'échapperait probablement ; certainement pas autrement. Ils formaient un balcon rempli de messieurs donnant sur une place lumineuse et animée ; mais il ne se sentait pas plus en sécurité avec eux que s'ils avaient été un bateau de pirates armés surplombant une mer vide.

Il y eut une seconde pensée qui ne lui vint jamais. Il ne lui est jamais venu à l'esprit d'être spirituellement gagné à l'ennemi. De nombreux modernes, habitués à un faible culte de l'intellect et de la force, auraient pu hésiter dans leur allégeance sous l'oppression d'une grande personnalité. Ils auraient pu appeler dimanche le surhomme. Si une telle créature était concevable, il ressemblait en effet un peu à elle, avec son abstraction bouleversante, à une statue de pierre marchant. On aurait pu le qualifier de quelque chose de supérieur à l'homme, avec ses grands projets trop évidents pour être détectés, avec son grand visage trop franc pour être compris. Mais il s'agissait là d'une sorte de méchanceté moderne à laquelle Syme ne pouvait pas sombrer, même dans son extrême morbidité. Comme tout homme, il était assez lâche pour craindre une grande force ; mais il n'était pas assez lâche pour l'admirer.

Les hommes mangeaient tout en parlant, et même en cela, ils étaient typiques. Le Dr Bull et le marquis mangèrent avec désinvolture et conventionnement des meilleures choses sur la table : faisan froid ou tarte strasbourgeoise. Mais le secrétaire était végétarien et il parlait avec sérieux du meurtre projeté avec une demi-tomate crue et trois quarts de verre d'eau tiède. Le vieux professeur avait des bêtises qui laissaient penser à une seconde enfance écoeurante. Et même dans ce cas, le président Sunday a conservé sa curieuse prédominance de la simple messe. Car il a mangé environ vingt hommes ; il mangeait incroyablement, avec une fraîcheur d'appétit effrayante, si bien que c'était comme regarder une fabrique de saucisses. Pourtant, continuellement, lorsqu'il avait avalé une douzaine de crumpets ou bu un litre de café, on le retrouvait avec sa grosse tête d'un côté, regardant Syme.

«Je me suis souvent demandé, dit le marquis en prenant une bonne bouchée d'une tranche de pain et de confiture, s'il ne vaudrait pas mieux que je le fasse avec un couteau. La plupart des meilleures choses ont été réalisées au couteau. Et ce serait une nouvelle émotion que de planter un couteau dans la peau d'un président français et de le faire tourner.»

« Vous avez tort », dit le secrétaire en rapprochant ses sourcils noirs. « Le couteau n'était que l'expression d'une vieille querelle personnelle avec un tyran personnel. La dynamite n'est pas seulement notre meilleur outil, mais aussi notre meilleur symbole. C'est un symbole aussi parfait de nous que l'encens des prières des chrétiens. Il s'étend ; il ne détruit que parce qu'il élargit ; mais la pensée ne détruit que parce qu'elle élargit. Le cerveau d'un homme est une bombe, s'écria-t-il en relâchant soudain son étrange passion et en se frappant violemment le crâne. « Mon cerveau est comme une bombe, nuit et jour. Il faut qu'il s'agrandisse ! Il faut qu'il s'agrandisse ! Le cerveau d'un homme doit se développer s'il détruit l'univers.

"Je ne veux pas que l'univers soit brisé pour l'instant", dit le marquis d'une voix traînante. «Je veux faire beaucoup de choses bestiales avant de mourir. J'en ai pensé à un hier au lit.

"Non, si le seul résultat est rien", dit le Dr Bull avec son sourire de sphinx , "cela ne vaut guère la peine d'être fait."

Le vieux professeur regardait le plafond avec des yeux éteints.

« Chaque homme sait dans son cœur, dit-il, que rien ne vaut la peine d'être fait. »

Il y eut un singulier silence, puis le secrétaire dit :

« Mais nous nous éloignons du sujet. La seule question est de savoir comment mercredi va porter le coup. Je suppose que nous devrions tous être d'accord avec la notion originale de bombe. Quant aux dispositions concrètes, je suggérerais que demain matin il aille d'abord à… »

Le discours fut interrompu sous une vaste ombre. Le président Sunday s'était levé, semblant remplir le ciel au-dessus d'eux.

« Avant d'en discuter, dit-il d'une petite voix calme, entrons dans une pièce privée. J'ai quelque chose de très particulier à dire.

Syme se leva avant tous les autres. L'instant du choix était enfin venu , le pistolet était sur sa tempe. Sur le trottoir avant qu'il puisse entendre le policier remuer et piétiner paresseusement, car la matinée, bien que lumineuse, était froide.

Un orgue de Barbarie dans la rue se mit soudain à retentir avec un coup sec sur un air jovial. Syme se tenait tendu, comme s'il s'agissait d'un clairon avant la bataille. Il s'est retrouvé rempli d'un courage surnaturel venu de nulle part. Cette musique tintante semblait pleine de la vivacité, de la vulgarité et de la valeur irrationnelle des pauvres qui, dans toutes ces rues impures, s'accrochaient tous aux décences et aux charités de la chrétienté. Sa plaisanterie de jeunesse de policier avait disparu de son esprit ; il ne se considérait pas comme le représentant du corps des gentlemen transformés en gendarmes de fantaisie, ni comme le vieil excentrique qui vivait dans la chambre noire. Mais il se sentait l'ambassadeur de tous ces gens ordinaires et gentils de la rue, qui marchaient chaque jour au combat au son de l'orgue de Barbarie. Et cette grande fierté d'être humain l'avait inexplicablement élevé à une hauteur infinie au-dessus des hommes monstrueux qui l'entouraient.

Pendant un instant au moins, il méprisa toutes leurs excentricités tentaculaires du haut du sommet étoilé du lieu commun. Il éprouvait à leur égard toute cette supériorité inconsciente et élémentaire qu'éprouve un homme courageux sur les bêtes puissantes ou un homme sage sur les erreurs puissantes . Il savait qu'il n'avait ni la force intellectuelle ni la force physique du président Sunday ; mais à ce moment-là, cela ne lui faisait pas plus attention que le fait qu'il n'avait pas les muscles d'un tigre ou une corne sur le nez comme un rhinocéros. Tout était englouti dans l'ultime certitude que le président avait tort et que l'orgue de Barbarie avait raison. Il résonnait dans son esprit ce truisme terrible et sans réponse dans la chanson de Roland :

« Païens ont tort et Chrétiens ont droit, »

qui, dans le vieux français nasillard, a le bruit et le gémissement du grand fer. Cette libération de son esprit du poids de sa faiblesse s'accompagnait d'une décision très claire d'embrasser la mort. Si les gens de l'orgue de Barbarie pouvaient respecter leurs obligations d'antan, lui aussi le pourrait. Cette fierté même de tenir parole était qu'il la tenait envers les mécréants. C'était son dernier triomphe sur ces fous que de descendre dans leur chambre sombre et de mourir pour quelque chose qu'ils ne pouvaient même pas comprendre. L'orgue de Barbarie semblait donner l'air de marche avec l'énergie et les bruits mêlés de tout un orchestre ; et il entendait grave et roulant, sous toutes les trompettes de l'orgueil de la vie, les tambours de l'orgueil de la mort.

Les conspirateurs défilaient déjà par la fenêtre ouverte et dans les pièces situées derrière. Syme partit en dernier, extérieurement calme, mais avec tout son cerveau et son corps palpitant à un rythme romantique. Le président les fit descendre un escalier latéral irrégulier, comme ceux que pourraient emprunter les domestiques, et les conduisit dans une pièce sombre, froide et vide, avec une table et des bancs, comme une salle de réunion abandonnée. Quand ils furent tous rentrés, il ferma et verrouilla la porte.

Le premier à parler fut Gogol, l'inconciliable, qui semblait débordant de griefs inarticulés.

« Zso ! Zso ! » s'écria-t-il avec une excitation obscure, son fort accent polonais devenant presque impénétrable. « Vous dites que vous hochez la tête. Vous zay vous vous montrez . Ce ne sont que des conneries . Puisque vous voulez parler d'importance, vous vous dirigez dans une boîte noire ! »

Le président a semblé prendre avec une bonne humeur la satire incohérente de l'étranger .

"Tu ne peux pas encore t'en procurer, Gogol", dit-il d'un ton paternel. «Quand une fois qu'ils nous auront entendu dire des bêtises sur ce balcon, ils ne se soucieront pas de savoir où nous irons ensuite. Si nous étions venus ici les premiers, nous aurions dû avoir tout le personnel au trou de la serrure. Vous ne semblez rien savoir de l'humanité.

«Je meurs pour eux », s'écria le Polonais avec une forte excitation, «et je tue nos oppresseurs. Je ne me soucie pas de ces jeux de gonzealment . J'écraserais le tyran sur la place publique.

"Je vois, je vois", dit le président en hochant gentiment la tête en s'asseyant au sommet d'une longue table. « Vous mourez d'abord pour l'humanité, puis vous vous levez et frappez leurs oppresseurs. Donc ça va. Et maintenant, puis-je vous demander de contrôler vos beaux sentiments et de vous asseoir avec les autres messieurs à cette table. Pour la première fois ce matin, quelque chose d'intelligent va être dit.

Syme, avec la promptitude perturbée dont il avait fait preuve depuis la convocation initiale, s'assit le premier. Gogol s'assit le dernier, grommelant dans sa barbe brune à propos du gombromise . Personne, à l'exception de Syme, ne semblait avoir la moindre idée du coup qui allait tomber. Quant à lui, il avait simplement le sentiment d'un homme montant sur l'échafaud avec l'intention, en tout cas, de faire un bon discours.

« Camarades, dit le président en se levant brusquement, nous avons assez longtemps raconté cette farce. Je vous ai appelé ici pour vous dire quelque chose de si simple et de si choquant que même les serveurs à l'étage (longtemps habitués à nos légèretés) pourraient entendre un nouveau sérieux dans ma voix. Camarades, nous discutions de plans et nommions des lieux. Je propose, avant de dire quoi que ce soit d'autre, que ces plans et ces lieux ne soient pas votés par cette réunion, mais soient laissés entièrement sous le contrôle d' un membre fiable. Je suggère le camarade Saturday, Dr Bull.

Ils le regardèrent tous ; puis ils commencèrent tous à s'asseoir, car les mots suivants, bien que peu bruyants, avaient une emphase vivante et sensationnelle. Dimanche est venu sur la table.

« Il ne faut pas dire un mot de plus sur les projets et les lieux lors de cette réunion. Aucun petit détail supplémentaire sur ce que nous entendons faire ne doit être mentionné dans cette entreprise.

Sunday avait passé sa vie à étonner ses partisans ; mais il semblait qu'il ne les avait jamais vraiment étonnés jusqu'à présent. Ils bougeaient tous fébrilement sur leurs sièges, à l'exception de Syme. Il était assis raide dans le sien, la main dans la poche et sur le manche de son revolver chargé. Lorsque l'attaque contre lui surviendrait, il vendrait sa vie très cher. Il découvrirait au moins si le Président était mortel.

La journée de dimanche s'est bien déroulée...

« Vous comprendrez probablement qu'il n'y a qu'une seule raison possible pour interdire la liberté d'expression lors de cette fête de la liberté. Les étrangers qui nous entendent n'ont aucune importance. Ils supposent que nous plaisantons. Mais ce qui importe, même jusqu'à la mort, c'est qu'il y ait parmi nous quelqu'un qui ne soit pas des nôtres, qui connaisse notre grave dessein, mais ne le partage pas, qui… »

La secrétaire a crié soudainement comme une femme.

"Ce n'est pas possible!" cria-t-il en sautant. "Il ne peut pas…"

Le président agita sa grande main plate sur la table comme la nageoire d'un énorme poisson.

« Oui, » dit-il lentement, « il y a un espion dans cette pièce. Il y a un traître à cette table. Je ne perdrai plus de mots. Son nom-"

Syme se leva à moitié de son siège, le doigt fermement sur la gâchette.

"Son nom est Gogol", a déclaré le président. "C'est ce idiot poilu là-bas qui se fait passer pour un Polonais."

Gogol se leva d'un bond, un pistolet dans chaque main. Dans le même éclair, trois hommes lui sautèrent à la gorge. Même le professeur fit un effort pour se lever. Mais Syme ne vit pas grand-chose de la scène, car il était aveuglé par une obscurité bienfaisante ; il s'était affalé sur son siège en frissonnant, dans une paralysie de soulagement passionné.

CHAPITRE VII.
LA CONDUITE INCOMPTABLE DU PROFESSEUR DE WORMS

"Asseyez-vous!" a déclaré dimanche d'une voix qu'il a utilisée une ou deux fois dans sa vie, une voix qui faisait tomber les épées nues.

Les trois qui s'étaient levés s'écartèrent de Gogol, et celui-ci, équivoque, reprit lui-même sa place.

«Eh bien, mon homme», dit vivement le président en s'adressant à lui comme on s'adresse à un parfait inconnu, «voulez-vous m'obliger en mettant votre main dans la poche supérieure de votre gilet et en me montrant ce que vous y avez?»

Le prétendu Polonais était un peu pâle sous son enchevêtrement de cheveux noirs, mais il mit deux doigts dans la poche avec un sang-froid apparent et en sortit une bande de carte bleue. Quand Syme l'a vu posé sur la table, il s'est à nouveau réveillé avec le monde extérieur à lui. Car, même si la carte se trouvait à l'autre extrémité de la table et qu'il ne pouvait rien lire de l'inscription dessus, elle ressemblait étrangement à la carte bleue qu'il avait dans sa propre poche, la carte qui lui avait été donnée lorsqu'il avait rejoint le groupe. gendarmerie anti-anarchiste.

« Pathétique Slave, dit le président, enfant tragique de la Pologne, êtes-vous prêt, en présence de cette carte, à nier que vous êtes en cette compagnie, dirons-nous *de trop ?* »

"Bien, oh!" dit feu Gogol. Cela fit sursauter tout le monde d'entendre une voix claire, commerciale et quelque peu cockney sortir de cette forêt de poils étrangers. C'était irrationnel, comme si un Chinois avait soudainement parlé avec un accent écossais.

«Je suppose que vous comprenez parfaitement votre position», a déclaré dimanche.

"Vous pariez", répondit le Polonais. « Je vois que c'est un flic juste. Tout ce que je dis, c'est que je ne crois pas qu'un Polonais aurait pu imiter mon accent comme je l'ai fait.

«Je concède ce point», a déclaré dimanche. «Je crois que votre propre accent est inimitable, même si je le pratiquerai dans mon bain. Cela vous dérange-t-il de laisser votre barbe avec votre carte ? »

"Pas du tout", répondit Gogol ; et d'un doigt il arracha tout son couvre-chef hirsute, laissant apparaître de fins cheveux roux et un visage pâle et impertinent. "Il faisait chaud", a-t-il ajouté.

« Je vous rendrai justice de dire, dit dimanche non sans une sorte d'admiration brutale, que vous semblez avoir gardé assez de sang-froid. Maintenant, écoute-moi. Je t'aime bien. La conséquence est que cela m'ennuierait pendant environ deux minutes et demie si j'apprenais que tu es mort dans les tourments. Eh bien, si jamais vous parlez de nous à la police ou à n'importe quelle âme humaine, j'aurai ces deux minutes et demie d'inconfort. Sur votre inconfort, je ne m'étendrai pas. Bonne journée. Attention à la marche."

Le détective aux cheveux roux qui s'était fait passer pour Gogol se leva sans un mot et sortit de la pièce avec un air de parfaite nonchalance. Pourtant, Syme, étonné, put se rendre compte que cette facilité était soudainement assumée ; car il y eut un léger trébuchement devant la porte, ce qui montra que le détective qui partait n'avait pas dérangé le pas.

"Le temps passe vite", a déclaré le président de la manière la plus gaie qui soit, après avoir jeté un coup d'œil à sa montre qui, comme tout en lui, semblait plus grande qu'elle ne devrait l'être. « Il faut que je parte tout de suite ; Je dois présider une réunion humanitaire.

Le secrétaire se tourna vers lui en haussant les sourcils.

« Ne vaudrait-il pas mieux, dit-il un peu brusquement, discuter davantage des détails de notre projet, maintenant que l'espion nous a quittés ?

"Non, je ne pense pas", a déclaré le président avec un bâillement comme un tremblement de terre discret. "Le laisser tel qu'il est. Laissons samedi régler la question. Je dois partir. Petit-déjeuner ici dimanche prochain.

Mais les dernières scènes bruyantes avaient mis à rude épreuve les nerfs presque à nu du secrétaire. Il faisait partie de ces hommes consciencieux même dans le crime.

"Je dois protester, Monsieur le Président, que la chose est irrégulière", a-t-il déclaré. « C'est une règle fondamentale de notre société que tous les projets doivent être débattus en conseil plénier. Bien sûr, j'apprécie pleinement votre prévoyance lorsque vous êtes en présence d'un traître… »

« Secrétaire, » dit le président sérieusement, « si vous pouviez ramener votre tête chez vous et la faire bouillir pour un navet, cela pourrait être utile. Je ne peux pas le dire. Mais c'est possible.

Le secrétaire recula avec une sorte de colère chevaline.

«Je n'arrive vraiment pas à comprendre…» commença-t-il sur un ton offensif.

"C'est ça, c'est ça", dit le Président en hochant la tête à plusieurs reprises. « C'est là que vous échouez. Vous ne comprenez pas. Eh bien, espèce d'âne qui danse, rugit-il en se levant, tu ne voulais pas être entendu par un espion, n'est-ce pas ? Comment sais-tu que tu n'es pas entendu maintenant ? »

Et sur ces mots, il sortit de la pièce en tremblant d'un mépris incompréhensible.

Quatre des hommes restés sur place le suivirent bouche bée sans aucune lueur apparente de ce qu'il voulait dire. Syme seul avait même une lueur, et telle qu'elle était, elle le glaça jusqu'aux os. Si les derniers mots du président avaient un sens, ils signifiaient qu'il n'était finalement pas passé inaperçu. Ils voulaient dire que même si Sunday ne pouvait pas le dénoncer comme Gogol, il ne pouvait pas non plus lui faire confiance comme les autres.

Les quatre autres se levèrent en grommelant plus ou moins et allèrent ailleurs chercher le déjeuner, car il était déjà midi bien passé. Le professeur passa le dernier, très lentement et péniblement. Syme resta assis longtemps après le départ des autres, tournant dans son étrange position. Il avait échappé à la foudre, mais il était toujours sous un nuage. Finalement, il se leva et sortit de l'hôtel pour rejoindre Leicester Square. La journée claire et froide était devenue de plus en plus froide et lorsqu'il sortit dans la rue, il fut surpris par quelques flocons de neige. Alors qu'il portait encore le bâton d'épée et le reste des bagages portables de Gregory, il avait jeté le manteau et l'avait laissé quelque part, peut-être sur le remorqueur à vapeur, peut-être sur le balcon. Espérant donc que l'averse de neige serait légère, il recula un instant hors de la rue et se tint sous la porte d'un petit salon de coiffure graisseux, dont la devanture était vide, à l'exception d'un dame de cire maladive en robe de soirée.

La neige, cependant, commença à s'épaissir et à tomber rapidement ; et Syme, ayant trouvé qu'un simple coup d'œil sur la dame de cire suffisait à lui déprimer le moral, regarda plutôt vers la rue blanche et vide. Il fut considérablement étonné de voir, immobile devant le magasin et regardant par la vitrine, un homme. Son haut-de-forme était chargé de neige comme le chapeau du Père Noël, la neige blanche montait autour de ses bottes et de ses chevilles ; mais il semblait que rien ne pouvait l'arracher à la contemplation de la poupée de cire incolore en tenue de soirée sale. Qu'un être humain puisse se tenir debout, par un tel temps, en train de regarder dans un tel magasin, était pour Syme un sujet d'émerveillement suffisant ; mais son vain étonnement se transforma soudain en un choc personnel ; car il comprit que l'homme qui se tenait là était le vieux professeur paralytique de Worms. Cela ne semblait guère être un endroit approprié pour une personne de son âge et de ses infirmités.

Syme était prêt à croire n'importe quoi aux perversions de cette confrérie déshumanisée ; mais même lui ne pouvait pas croire que le professeur était tombé amoureux de cette dame de cire en particulier. Il ne pouvait que supposer que la maladie de l'homme (quelle qu'elle soit) impliquait des crises momentanées de rigidité ou de transe. Il n'était cependant pas enclin à éprouver dans cette affaire une quelconque préoccupation très compatissante. Au contraire, il se félicitait plutôt que l'attaque du professeur et sa démarche élaborée et boiteuse lui permettraient de lui échapper facilement et de le laisser à des kilomètres derrière lui. Car Syme avait soif avant tout de se débarrasser de toute cette atmosphère empoisonnée, ne serait-ce que pour une heure. Il pourrait alors rassembler ses pensées, formuler sa politique et décider finalement s'il devait ou non garder confiance en Grégoire.

Il s'éloigna à travers la neige dansante, tourna dans deux ou trois rues, en descendit deux ou trois autres, et entra dans un petit restaurant de Soho pour déjeuner. Il prit pensivement quatre petits plats pittoresques, but une demi-bouteille de vin rouge et se retrouva autour d'un café noir et d'un cigare noir, toujours en train de réfléchir. Il avait pris place dans la salle haute du restaurant, pleine de bruits de couteaux et de bavardages d'étrangers. Il se souvint qu'autrefois il s'était imaginé que tous ces extraterrestres inoffensifs et gentils étaient des anarchistes. Il frissonna, se souvenant de la réalité. Mais même le frisson avait la délicieuse honte de s'échapper. Le vin, la nourriture commune, le lieu familier, les visages d'hommes naturels et bavards, lui donnaient presque l'impression que le Conseil des Sept Jours avait été un mauvais rêve ; et même s'il savait que c'était néanmoins une réalité objective, c'était au moins une réalité lointaine. De hautes maisons et des rues peuplées s'étendaient entre lui et sa dernière vision des sept honteux ; il était libre dans Londres libre et buvait du vin parmi les libres. Avec une action un peu plus facile, il prit son chapeau et son bâton et descendit les escaliers jusqu'au magasin en contrebas.

Lorsqu'il entra dans cette pièce basse , il resta frappé et cloué sur place. A une petite table, près de la fenêtre blanche et de la rue blanche de neige, était assis autour d'un verre de lait le vieux professeur anarchiste, le visage livide levé et les paupières pendantes. Pendant un instant, Syme resta aussi rigide que le bâton sur lequel il s'appuyait. Puis, d'un geste de précipitation aveugle, il frôla le professeur, ouvrant précipitamment la porte et la claquant derrière lui, et se tint dehors dans la neige.

« Est-ce que ce vieux cadavre peut me suivre ? se demanda-t-il en mordant sa moustache jaune. « Je me suis arrêté trop longtemps dans cette pièce pour que même des pieds aussi plombés puissent me rattraper. Un peu de réconfort, c'est qu'avec un peu de marche rapide, je peux emmener un homme comme celui-là aussi loin que Tombouctou. Ou suis-je trop fantaisiste ? Me suivait-il vraiment ? Sûrement que Sunday ne serait pas assez stupide pour envoyer un boiteux ?

Il partit d'un bon pas, tournant et faisant tournoyer son bâton, en direction de Covent Garden. À mesure qu'il traversait le grand marché, la neige augmentait, devenant aveuglante et déconcertante à mesure que l'après-midi commençait à s'assombrir. Les flocons de neige le tourmentaient comme un essaim d'abeilles argentées. S'attaquant à ses yeux et à sa barbe, ils ajoutèrent leur futilité incessante à ses nerfs déjà irrités ; et au moment où il arrivait d'un pas rapide au début de Fleet Street, il perdit patience et, trouvant un salon de thé du dimanche, s'y dirigea pour s'abriter. Il commanda une autre tasse de café noir comme excuse. A peine l'avait-il fait, que le professeur de Worms entra lourdement dans la boutique, s'assit avec difficulté et commanda un verre de lait.

La canne de Syme était tombée de sa main avec un grand bruit, qui révélait l'acier caché. Mais le professeur ne se retourna pas. Syme, qui était généralement un personnage cool, était littéralement bouche bée comme un rustique bouche bée devant un tour de prestidigitation. Il n'avait vu aucun taxi le suivre ; il n'avait entendu aucune roue à l'extérieur du magasin ; selon toute apparence mortelle, l'homme était venu à pied. Mais le vieil homme ne pouvait marcher que comme un escargot, et Syme avait marché comme le vent. Il se leva et saisit son bâton, à moitié fou de contradictions purement arithmétiques, et sortit par les portes battantes, laissant son café sans goût. Un omnibus se rendant à la Banque passait avec une rapidité inhabituelle. Il lui fallut une course violente de cent mètres pour l'atteindre ; mais il parvint à bondir en se balançant sur le dosseret et, s'arrêtant un instant pour haleter, il grimpa sur le sommet. Lorsqu'il fut assis depuis environ une demi-minute, il entendit derrière lui une sorte de respiration lourde et asthmatique.

Se tournant brusquement, il vit s'élever de plus en plus haut sur les marches de l'omnibus un haut-de-forme souillé et dégoulinant de neige, et sous l'ombre de ses bords le visage myope et les épaules tremblantes du professeur de Worms. Il s'assit avec un soin caractéristique et s'enveloppa jusqu'au menton dans le tapis imperméable.

Chaque mouvement de la silhouette chancelante et des mains vagues du vieillard, chaque geste incertain et chaque pause panique semblaient mettre hors de doute qu'il était impuissant, qu'il était dans la dernière imbécillité du corps. Il bougeait de quelques centimètres, il se laissait tomber avec de petits cris de prudence. Et pourtant, à moins que les entités philosophiques appelées temps et espace n'aient aucun vestige même d'une existence pratique, il paraissait tout à fait incontestable qu'il avait couru après l'omnibus.

Syme se redressa sur la voiture à bascule, et après avoir regardé d'un air effaré le ciel hivernal, qui devenait de plus en plus sombre à chaque instant, il descendit les marches en courant. Il avait réprimé une impulsion élémentaire de sauter par-dessus bord.

Trop déconcerté pour regarder en arrière ou raisonner, il s'est précipité dans l'une des petites cours qui bordent Fleet Street comme un lapin s'engouffre dans un trou. Il avait la vague idée, si ce vieux Jack-in-the-box incompréhensible le poursuivait vraiment, que dans ce labyrinthe de petites rues il pourrait bientôt le dérouter. Il plongeait dans et hors de ces ruelles tortueuses, qui ressemblaient plus à des fissures qu'à des voies de communication ; et au moment où il avait complété une vingtaine d'angles alternatifs et décrit un polygone impensable, il s'arrêta pour écouter le moindre bruit de poursuite. Il n'y en avait pas ; il ne pouvait en tout cas pas y avoir grand-chose, car les petites rues étaient couvertes de neige silencieuse. Quelque part derrière Red Lion Court, cependant, il remarqua un endroit où un citoyen énergique avait déblayé la neige sur un espace d'une vingtaine de mètres, laissant les pavés mouillés et luisants. Il n'y prêta guère attention en passant devant, se plongeant seulement dans un autre bras du labyrinthe. Mais quand, quelques centaines de mètres plus loin, il s'arrêta de nouveau pour écouter, son cœur s'arrêta également, car il entendit depuis cet espace de pierres rugueuses le tintement des béquilles et les pieds laborieux de l'infirme infirme.

Le ciel au-dessus était chargé de nuages de neige, laissant Londres dans une obscurité et une oppression prématurées pour cette heure de la soirée. De chaque côté de Syme, les murs de la ruelle étaient aveugles et sans relief ; il n'y avait pas de petite fenêtre ni aucune sorte de veille. Il éprouva une nouvelle envie de sortir de cette ruche de maisons et de se retrouver dans la rue ouverte et éclairée par des lampes. Pourtant, il erra et esquiva longtemps avant d'atteindre l'artère principale. Ce faisant, il frappa beaucoup plus haut qu'il ne l'avait imaginé. Il sortit dans ce qui semblait vaste et vide du Ludgate Circus et vit la cathédrale Saint-Paul assise dans le ciel.

Au début , il fut surpris de trouver ces grandes routes si vides, comme si une peste avait balayé la ville. Puis il se dit qu'un certain degré de vide était naturel ; d'abord parce que la tempête de neige était dangereusement profonde, et ensuite parce que c'était dimanche. Et au seul mot dimanche, il se mordit la lèvre ; le mot était désormais à louer comme un jeu de mots indécent. Sous le brouillard blanc de la neige, là-haut dans le ciel, toute l'atmosphère de la ville se transformait en une très étrange sorte de crépuscule vert, comme celui des hommes sous la mer. Le coucher de soleil maussade et scellé derrière le dôme sombre de Saint-Paul avait des couleurs enfumées et sinistres – des couleurs de vert maladif, de rouge mort ou de bronze décomposé, qui étaient juste assez brillantes pour souligner la blancheur solide de la neige. Mais contre ces couleurs mornes se dressait la masse noire de la cathédrale ; et au sommet de la cathédrale se trouvaient une éclaboussure aléatoire et une grande tache de neige, toujours accrochée comme à un sommet alpin. Il était tombé accidentellement, mais juste de manière à draper à moitié le dôme depuis son point le plus haut et à distinguer dans un argent parfait le grand orbe et la croix. Quand Syme le vit, il se redressa brusquement et fit avec son bâton d'épée un salut involontaire.

Il savait que cette silhouette maléfique, son ombre, se glissait rapidement ou lentement derrière lui, et il s'en fichait.

Cela semblait être un symbole de la foi et de la valeur humaines que, pendant que le ciel s'assombrissait, ce haut lieu de la terre restait lumineux. Les démons auraient pu conquérir le ciel, mais ils n'avaient pas encore conquis la croix. Il eut un nouvel élan pour percer le secret de ce paralytique dansant, sautant et poursuivant ; et à l'entrée de la cour qui s'ouvrait sur le cirque, il se tourna, le bâton à la main, vers son poursuivant.

Le professeur de Worms contourna lentement le coin de l'allée irrégulière derrière lui, sa forme peu naturelle se dessinant sur une lampe à gaz solitaire, rappelant irrésistiblement cette figure très imaginative des comptines, « l'homme tordu qui parcourait un kilomètre tortueux ». Il avait vraiment l'air d'avoir été déformé par les rues tortueuses qu'il avait parcourues. Il s'approchait de plus en plus, la lumière de la lampe éclairant ses lunettes relevées, son visage levé et patient. Syme l'attendait comme Saint-Georges attendait le dragon, comme un homme attend une explication finale ou la mort. Et le vieux professeur s'approcha de lui et le dépassa comme un parfait inconnu, sans même un clignement de ses paupières tristes.

Il y avait quelque chose dans cette innocence silencieuse et inattendue qui laissa Syme dans une dernière fureur. Le visage et les manières incolores de l'homme semblaient affirmer que tout ce qui avait suivi n'était qu'un accident. Syme était galvanisé par une énergie qui se situait entre l'amertume et un éclat de dérision enfantine. Il fit un geste sauvage comme pour faire tomber le chapeau du vieil homme, cria quelque chose comme « Attrape-moi si tu peux » et partit en courant à travers le cirque blanc et ouvert. La dissimulation était désormais impossible ; et en regardant par-dessus son épaule, il pouvait voir la silhouette noire du vieux monsieur qui le suivait à grands pas, comme un homme gagnant une course d'un kilomètre. Mais la tête sur ce corps bondissant était toujours pâle, grave et professionnelle, comme la tête d'un conférencier sur le corps d'un arlequin.

Cette poursuite scandaleuse traversa Ludgate Circus, remonta Ludgate Hill, autour de la cathédrale Saint-Paul, le long de Cheapside, Syme se souvenant de tous les cauchemars qu'il avait jamais connus. Puis Syme s'éloigna vers la rivière et finit presque près des quais. Il aperçut les vitres jaunes d'un pub bas et éclairé, se jeta dedans et commanda de la bière. C'était une taverne immonde, peuplée de marins étrangers, un endroit où l'on pouvait fumer de l'opium ou tirer des couteaux.

Un instant après, le professeur de Worms entra, s'assit avec précaution et demanda un verre de lait.

CHAPITRE VIII.
LE PROFESSEUR EXPLIQUE

Lorsque Gabriel Syme se retrouva enfin installé dans un fauteuil, et en face de lui, fixes et définitifs également, les sourcils levés et les paupières plombées du Professeur, ses craintes revinrent pleinement. Après tout, cet homme incompréhensible du féroce conseil l'avait certainement poursuivi. Si l'homme avait un caractère de paralytique et un autre de poursuivant, l'antithèse pourrait le rendre plus intéressant, mais à peine plus apaisant. Ce serait un bien mince réconfort qu'il ne puisse pas retrouver le professeur, si par un accident grave le professeur le découvrait. Il a vidé tout un pot de bière en étain avant que le professeur ait touché son lait.

Une possibilité, cependant, le gardait optimiste et pourtant impuissant. Il était tout à fait possible que cette escapade signifiait autre chose qu'un léger soupçon à son égard. Peut-être s'agissait-il d'une forme ou d'un signe régulier. Peut-être que cette folle course était une sorte de signal amical qu'il aurait dû comprendre. C'était peut-être un rituel. Peut-être que le nouveau jeudi était toujours suivi le long de Cheapside, tout comme le nouveau lord-maire y est toujours escorté. Il était en train de sélectionner une enquête provisoire, lorsque le vieux professeur d'en face l'interrompit brusquement et simplement. Avant que Syme ait pu poser la première question diplomatique, le vieil anarchiste avait demandé soudain, sans aucune sorte de préparation :

« Es-tu policier ? »

Quoi que Syme eût prévu d'autre, il ne s'était jamais attendu à quelque chose d'aussi brutal et réel que cela. Même sa grande présence d'esprit ne parvenait qu'à répondre avec un air de plaisanterie assez maladroite.

"Un policier?" dit-il en riant vaguement. « Qu'est-ce qui vous a fait penser à un policier en relation avec moi ? »

"Le processus était assez simple", répondit patiemment le professeur. «Je pensais que tu ressemblais à un policier. Je le pense maintenant.

« Est-ce que j'ai sorti par erreur un chapeau de policier du restaurant ? » demanda Syme en souriant sauvagement. « Est-ce que par hasard, j'aurais un numéro collé sur moi quelque part ? Mes bottes ont-elles ce regard vigilant ? Pourquoi dois-je être policier ? Faites, laissez-moi être facteur.

Le vieux professeur secoua la tête avec une gravité qui ne laissait aucun espoir, mais Syme continua avec une ironie fiévreuse.

« Mais peut-être ai-je mal compris les subtilités de votre philosophie allemande. Peut-être que policier est un terme relatif. Dans un sens évolutif, monsieur, le singe se fond si progressivement dans le policier, que moi-même je ne parviens jamais à en détecter l'ombre. Le singe n'est que le policier qui peut l'être. Peut-être qu'une jeune fille de Clapham Common n'est que le policier qu'elle aurait pu être. Cela ne me dérange pas d'être le policier qui aurait pu l'être. Cela ne me dérange pas d'être quelque chose dans la pensée allemande.»

« Êtes-vous dans la police ? » dit le vieil homme, ignorant toutes les railleries improvisées et désespérées de Syme. « Êtes-vous un détective ?

Le cœur de Syme s'est transformé en pierre, mais son visage n'a jamais changé.

"Votre suggestion est ridicule", commença-t-il. "Pourquoi diable-"

Le vieillard frappa passionnément de sa main paralysée la table branlante, la brisant presque.

"M'as-tu entendu poser une question simple, espèce d'espion bavard ?" » cria-t-il d'une voix haute et folle. « Êtes-vous ou non un détective de police ?

"Non!" » répondit Syme, comme un homme debout sur le pied du bourreau.

« Vous le jurez », dit le vieil homme en se penchant vers lui, son visage mort devenant comme répugnant vivant. « Tu le jures ! Tu le jures ! Si vous jurez faussement, serez-vous damné ? Serez-vous sûr que le diable danse à vos funérailles ? Verrez-vous que le cauchemar repose sur votre tombe ? N'y aura-t-il vraiment aucune erreur ? Vous êtes anarchiste, vous êtes un dynamiteur ! Surtout, vous n'êtes en aucun cas un détective ? Vous n'êtes pas dans la police britannique ?

Il pencha son coude anguleux au-dessus de la table et leva sa grande main lâche comme un rabat sur son oreille.

"Je ne fais pas partie de la police britannique", a déclaré Syme avec un calme fou.

Le professeur de Worms retomba sur sa chaise avec un curieux air d'effondrement bienveillant.

"C'est dommage", dit-il, "parce que je le suis."

Syme se redressa d'un bond, renvoyant le banc derrière lui avec fracas.

"Parce que tu es quoi?" dit-il d'une voix épaisse. "Vous êtes ce que?"

"Je suis policier", dit le professeur avec son premier large sourire et rayonnant à travers ses lunettes. « Mais comme vous considérez policier comme un terme relatif, bien sûr, je n'ai rien à voir avec vous. Je fais partie de la police britannique ; mais comme vous me dites que vous n'êtes pas dans la police britannique , je peux seulement dire que je vous ai rencontré dans un club de dynamiteurs. Je suppose que je devrais vous arrêter. Et avec ces mots, il déposa sur la table devant Syme un fac-similé exact de la carte bleue que Syme avait dans la poche de son gilet, symbole de son pouvoir sur la police.

Syme eut l'espace d'un instant la sensation que le cosmos était complètement renversé, que tous les arbres poussaient vers le bas et que toutes les étoiles étaient sous ses pieds. Puis vint peu à peu la conviction inverse. Au cours des dernières vingt-quatre heures, le cosmos avait vraiment été sens dessus dessous, mais maintenant l'univers chaviré était à nouveau à l'endroit. Ce diable qu'il avait fui toute la journée n'était qu'un frère aîné de sa propre maison, qui, de l'autre côté de la table, se reculait et se moquait de lui. Il ne posa pour le moment aucune question de détail ; il savait seulement le fait heureux et idiot que cette ombre, qui l'avait poursuivi avec une intolérable oppression du péril, n'était que l'ombre d'un ami essayant de le rattraper. Il savait à la fois qu'il était un imbécile et un homme libre. Car toute guérison de la morbidité doit s'accompagner d'une certaine humiliation saine. Il arrive un certain moment dans de telles conditions où seulement trois choses sont possibles : premièrement la perpétuation de l'orgueil satanique, deuxièmement les larmes et troisièmement le rire. L'égoïsme de Syme s'en est tenu à la première solution pendant quelques secondes, puis a soudainement adopté la troisième. Tirant son propre ticket de police bleu de la poche de son gilet, il le jeta sur la table ; puis il rejeta la tête en arrière jusqu'à ce que sa pointe de barbe jaune pointe presque vers le plafond, et cria d'un rire barbare.

Même dans cette tanière étroite, perpétuellement remplie du vacarme des couteaux, des assiettes, des canettes, des voix bruyantes, des luttes soudaines et des bousculades, il y avait quelque chose d'homérique dans la gaieté de Syme qui faisait se retourner bien des hommes à moitié ivres.

"De quoi riez- vous , patron ?" » a demandé un ouvrier des quais interrogateur.

" Contre moi-même ", répondit Syme, et il repartit dans l'agonie de sa réaction extatique.

« Ressaisissez-vous », dit le professeur, « ou vous deviendrez hystérique. Prends encore de la bière. Je vais te rejoindre."

« Vous n'avez pas bu votre lait », dit Syme.

"Mon lait!" dit l'autre d' un ton de mépris flétrissant et insondable, mon lait ! Pensez-vous que je regarderais ces trucs bestiaux quand je suis hors de vue de ces foutus anarchistes ? Nous sommes tous chrétiens dans cette salle, même si peut-être, ajouta-t-il en jetant un coup d'œil à la foule ébranlée, pas des chrétiens stricts. Finir mon lait ? De superbes incendies ! oui, je vais le finir assez bien ! et il fit tomber le gobelet de la table, provoquant un fracas de verre et une éclaboussure de liquide argenté.

Syme le regardait avec une curiosité heureuse.

«Je comprends maintenant», s'écria-t-il; "Bien sûr, tu n'es pas du tout un vieil homme."

"Je ne peux pas quitter mon visage ici", a répondu le professeur de Worms. « C'est un maquillage plutôt élaboré. Quant à savoir si je suis un vieil homme, ce n'est pas à moi de le dire. J'avais trente-huit ans le dernier anniversaire .

"Oui, mais je veux dire," dit Syme avec impatience, "il n'y a rien de mal avec toi."

"Oui", répondit l'autre sans passion. "Je suis sujet au rhume."

Le rire de Syme à tout cela exprimait une sauvage faiblesse de soulagement. Il rit à l'idée que le professeur paralytique soit en réalité un jeune acteur habillé comme pour la rampe. Mais il sentait qu'il aurait ri aussi fort si une poivrière était tombée.

Le faux professeur but et essuya sa fausse barbe.

"Saviez-vous", a-t-il demandé, "que cet homme Gogol était l'un des nôtres ?"

"JE? Non, je ne le savais pas, » répondit Syme avec une certaine surprise. "Mais n'est-ce pas?"

"Je ne connaissais rien de plus que les morts", répondit celui qui se faisait appeler de Worms. «Je pensais que le président parlait de moi et j'ai craqué dans mes bottes.»

"Et je pensais qu'il parlait de moi", a déclaré Syme avec son rire plutôt imprudent. "J'avais tout le temps la main sur mon revolver."

«Moi aussi», dit sombrement le professeur; "Gogol aussi, évidemment."

Syme frappa la table avec une exclamation.

"Eh bien, nous étions trois là-bas!" il pleure. « Trois sur sept est un chiffre de combat. Si nous avions su que nous étions trois !

Le visage du professeur de Worms s'assombrit et il ne leva pas les yeux.

« Nous étions trois, dit-il. "Si nous avions été trois cents, nous n'aurions toujours rien pu faire."

"Pas si nous étions trois cents contre quatre ?" » demanda Syme en se moquant plutôt bruyamment.

"Non", dit le professeur avec sobriété, "pas si nous étions trois cents contre dimanche."

Et le simple nom parut Syme froid et sérieux ; son rire était mort dans son cœur avant de pouvoir mourir sur ses lèvres. Le visage de l'inoubliable Président lui vint à l'esprit aussi saisissant qu'une photographie en couleur , et il remarqua cette différence entre Sunday et tous ses satellites, que leurs visages, aussi féroces ou sinistres soient-ils, devenaient progressivement brouillés par la mémoire comme les autres visages humains, tandis que celui de dimanche semblait presque devenir plus actuel pendant l'absence, comme si le portrait peint d'un homme devait lentement prendre vie.

Ils restèrent tous deux silencieux pendant quelques instants, puis le discours de Syme arriva avec précipitation, comme la mousse soudaine du champagne.

« Professeur, s'écria-t-il, c'est intolérable. As-tu peur de cet homme ?

Le professeur souleva ses lourdes paupières et regarda Syme avec de grands yeux bleus grands ouverts d'une honnêteté presque éthérée.

"Oui, je le suis," dit-il doucement. "Tu l'es aussi."

Syme resta muet un instant. Puis il se releva, comme un homme insulté, et repoussa la chaise loin de lui.

« Oui, » dit-il d'une voix indescriptible, « vous avez raison. J'ai peur de lui. C'est pourquoi je jure par Dieu que je chercherai cet homme que je crains jusqu'à ce que je le trouve et que je le frapperai à la bouche. Si le ciel était son trône et la terre son marchepied, je jure que je le renverserais.

"Comment?" » demanda le professeur qui le regardait. "Pourquoi?"

« Parce que j'ai peur de lui, » dit Syme ; "et aucun homme ne devrait laisser dans l'univers quelque chose dont il a peur."

De Worms cligna des yeux avec une sorte d'étonnement aveugle. Il fit un effort pour parler, mais Syme reprit à voix basse, mais avec un fond d'exaltation inhumaine :

« Qui daignerait abattre les simples choses qu'il ne craint pas ? Qui se rabaisserait pour être simplement courageux, comme n'importe quel boxeur ordinaire ? Qui s'abaisserait pour être intrépide, comme un arbre ? Combattez la chose dont vous avez peur. Vous vous souvenez du vieux conte du pasteur anglais qui donna les derniers sacrements au brigand de Sicile, et comment, sur son lit de mort, le grand voleur dit : « Je ne peux pas vous donner d'argent, mais je peux vous donner des conseils pour toute une vie : votre pouce sur la lame et frappez vers le haut. Alors je vous le dis, frappez vers le haut, si vous frappez les étoiles.

L'autre regardait le plafond, une des astuces de sa pose.

"Le dimanche est une étoile fixe", a-t-il déclaré.

"Vous le verrez comme une étoile filante", dit Syme en mettant son chapeau.

La décision de son geste remit vaguement le professeur sur ses pieds.

« Avez-vous une idée, demanda-t-il avec une sorte de perplexité bienveillante, de l'endroit exact où vous allez ?

"Oui", répondit brièvement Syme, "je vais empêcher que cette bombe ne soit lancée sur Paris."

"Avez-vous une idée de comment?" demanda l'autre.

"Non", a déclaré Syme avec la même décision.

« Vous vous souvenez bien sûr, reprit le soi-disant de Worms en tirant sa barbe et en regardant par la fenêtre, que lorsque nous nous séparâmes un peu précipitamment, tous les arrangements pour cette atrocité furent laissés entre les mains privées du marquis et Dr Bull. Le marquis est probablement en train de traverser la Manche à cette heure-ci. Mais où il ira et ce qu'il fera, il est douteux que même le président le sache ; nous ne le savons certainement pas. Le seul homme qui le sait est le Dr Bull.

"C'est foutu !" s'écria Syme. "Et nous ne savons pas où il est."

"Oui", dit l'autre de son air curieux et distrait, "je sais moi-même où il est."

"Me diras-tu?" » demanda Syme avec des yeux impatients.

"Je vais vous y emmener", dit le professeur en décrochant son propre chapeau d'une pince.

Syme le regardait avec une sorte d'excitation rigide.

"Que veux-tu dire?" » demanda-t-il brusquement. « Veux-tu me rejoindre ? Allez-vous prendre le risque ?

« Jeune homme, dit agréablement le professeur, je suis amusé de constater que vous me prenez pour un lâche. Sur ce point, je ne dirai qu'un mot, et cela sera tout à fait à la manière de votre propre rhétorique philosophique. Vous pensez qu'il est possible de renverser le président. Je sais que c'est impossible, et je vais l'essayer. » Et, ouvrant la porte de la taverne, qui laissait entrer un souffle d'air amer, ils sortirent ensemble dans les rues sombres du quai.

La majeure partie de la neige avait fondu ou était transformée en boue, mais ici et là, un tas de neige paraissait encore gris plutôt que blanc dans l'obscurité. Les petites rues étaient délabrées et pleines de mares, qui reflétaient les lampes enflammées de manière irrégulière et accidentelle, comme des fragments d'un autre monde déchu. Syme se sentait presque abasourdi alors qu'il traversait cette confusion croissante d'ombres et de lumières ; mais son compagnon marchait avec une certaine allure, vers l'endroit où, au bout de la rue, quelques centimètres de la rivière éclairée par une lampe ressemblaient à une barre de flammes.

"Où vas-tu?" » s'enquit Syme.

« Tout à l'heure, répondit le professeur, je vais au coin de la rue voir si le docteur Bull s'est couché. Il est hygiénique et prend sa retraite tôt.

« Dr. Taureau!" s'exclama Syme. «Est-ce qu'il habite au coin de la rue?»

"Non", répondit son ami. "En effet, il habite un peu plus loin, de l'autre côté de la rivière, mais d'ici on peut savoir s'il s'est couché."

Tournant au coin de la rue tout en parlant, et faisant face à la rivière sombre, tachetée de flammes, il montra avec son bâton l'autre rive. Du côté du Surrey, à cet endroit, se déversaient dans la Tamise, semblant presque la surplomber, une masse et un groupe de ces hauts immeubles, parsemés de fenêtres éclairées, et s'élevant comme des cheminées d'usine à une hauteur presque insensée. Leur équilibre et leur position particuliers faisaient ressembler un bloc de bâtiments à une tour de Babel à cent yeux. Syme n'avait jamais vu aucun des gratte-ciel d'Amérique, il ne pouvait donc penser à ces bâtiments que dans un rêve.

Alors même qu'il regardait fixement, la plus haute lumière de cette tourelle aux innombrables lumières s'éteignit brusquement, comme si cet Argus noir lui avait fait un clin d'œil avec l'un de ses innombrables yeux.

Le professeur de Worms se retourna sur ses talons et frappa sa botte avec son bâton.

« Il est trop tard, dit-il, le médecin hygiéniste s'est couché. »

"Que veux-tu dire?" demanda Syme. « Est-ce qu'il habite là-bas, alors ?

« Oui, » dit de Worms, « derrière cette fenêtre particulière qu'on ne peut pas voir. Venez dîner. Nous devons le rendre visite demain matin.

Sans plus de pourparlers, il ouvrit la voie à travers plusieurs routes secondaires jusqu'à ce qu'elles débouchent sur la flambée et la clameur de l'East India Dock Road. Le professeur, qui semblait connaître le quartier , se dirigea vers un endroit où la file des boutiques éclairées retombait dans une sorte de crépuscule brusque et de calme, dans lequel se trouvait une vieille auberge blanche, toute en mauvais état, en retrait d'une vingtaine d'années. à pieds de la route.

"On trouve partout de bonnes auberges anglaises laissées par hasard, comme des fossiles", explique le professeur. "Une fois, j'ai trouvé un endroit décent dans le West End."

"Je suppose", dit Syme en souriant, "que c'est l'endroit décent correspondant dans l'East End ?"

"C'est vrai", dit respectueusement le professeur, et il entra.

Dans cet endroit, ils dînèrent et dormirent tous deux très soigneusement. Les haricots et le bacon, que ces gens inexplicables cuisinaient bien, l'étonnante sortie de la Bourgogne de leurs caves, couronnaient chez Syme un sentiment de camaraderie et de confort nouveau. Durant toute cette épreuve, son horreur profonde a été l'isolement, et il n'y a pas de mots pour exprimer l'abîme entre l'isolement et le fait d'avoir un allié. On peut admettre aux mathématiciens que quatre égale deux fois deux. Mais deux ne font pas deux fois un ; deux font deux mille fois un. C'est pourquoi, malgré cent inconvénients, le monde reviendra toujours à la monogamie.

Syme put pour la première fois raconter toute son histoire scandaleuse, depuis le moment où Grégoire l'avait emmené dans la petite taverne au bord de la rivière. Il l'a fait paresseusement et amplement, dans un monologue luxuriant, comme un homme parle avec de très vieux amis. De son côté également, celui qui s'était fait passer pour le professeur de Worms n'était pas moins communicatif. Sa propre histoire était presque aussi stupide que celle de Syme.

« C'est une bonne tenue de votre part, » dit Syme en vidant un verre de Macon ; « Bien meilleur que celui du vieux Gogol. Même au début, je le trouvais un peu trop poilu.

"Une différence de théorie artistique", répondit pensivement le professeur. « Gogol était un idéaliste. Il s'est constitué comme l'idéal abstrait ou platonique d'un anarchiste. Mais je suis réaliste. Je suis portraitiste. Mais en effet, dire que je suis portraitiste est une expression inadéquate. Je suis un portrait.

«Je ne vous comprends pas», dit Syme.

«Je suis un portrait», répéta le professeur. "Je suis le portrait du célèbre professeur de Worms, qui est, je crois, à Naples."

"Vous voulez dire que vous êtes maquillé comme lui", a déclaré Syme. "Mais ne sait-il pas que vous lui mordez le nez en vain ?"

"Il le sait très bien", répondit joyeusement son ami.

« Alors pourquoi ne vous dénonce-t-il pas ?

«Je l'ai dénoncé», répondit le professeur.

« Expliquez-vous », dit Syme.

"Avec plaisir, si cela ne vous dérange pas d'entendre mon histoire", répondit l'éminent philosophe étranger. «Je suis acteur de profession et je m'appelle Wilks. Quand j'étais sur scène, je côtoyais toutes sortes de compagnies bohèmes et canailles. Parfois j'ai touché le bord du terrain, parfois la racaille des arts et parfois le réfugié politique. Dans un repaire de rêveurs exilés , je fus présenté au grand philosophe nihiliste allemand, le professeur de Worms. Je n'ai pas appris grand-chose sur lui au-delà de son apparence, qui était très dégoûtante et que j'ai étudiée attentivement. J'ai compris qu'il avait prouvé que le principe destructeur de l'univers était Dieu ; c'est pourquoi il insistait sur la nécessité d'une énergie furieuse et incessante, déchirant toutes choses. L'énergie, disait-il, était le Tout. Il était boiteux, myope et partiellement paralytique. Quand je l' ai rencontré , j'étais d'humeur frivole et je l'ai tellement détesté que j'ai décidé de l'imiter. Si j'avais été dessinateur, j'aurais fait une caricature. Je n'étais qu'un acteur, je ne pouvais faire qu'une caricature. Je me suis inventé ce qui était censé être une exagération sauvage du vieux moi sale du vieux professeur. Quand j'entrais dans la salle pleine de ses partisans, je m'attendais à être reçu par un éclat de rire, ou (s'ils étaient trop loin) par un rugissement d'indignation face à l'insulte. Je ne saurais décrire la surprise que je ressentis lorsque mon entrée fut accueillie par un silence respectueux, suivi (lorsque j'avais ouvert les lèvres pour la première fois) d'un murmure d'admiration. La malédiction de l'artiste parfait s'était abattue sur moi. J'avais été trop subtil, j'avais été trop vrai. Ils pensaient que j'étais vraiment le grand professeur nihiliste. J'étais à l'époque un jeune homme sain d'esprit et j'avoue que ce fut un coup dur. Cependant, avant que je puisse complètement récupérer, deux ou trois de ces admirateurs se sont précipités vers moi, rayonnant d'indignation, et m'ont dit qu'une insulte publique m'avait été infligée dans la pièce voisine. Je me suis renseigné sur sa nature. Il semblait qu'un impertinent s'était déguisé en une parodie absurde de moi-même. J'avais bu plus de champagne que ce qui était bon pour moi et, dans un éclair de folie, j'ai décidé d'aller jusqu'au bout. Par conséquent , c'est pour rencontrer le regard éblouissant de la société, mes propres sourcils levés et mes yeux glacés que le vrai professeur est entré dans la pièce.

« Je n'ai pas besoin de dire qu'il y a eu une collision. Les pessimistes autour de moi regardaient anxieusement tour à tour un professeur après l'autre pour voir lequel était réellement le plus faible . Mais j'ai gagné. On ne pouvait pas s'attendre à ce qu'un vieil homme en mauvaise santé, comme mon rival, soit aussi incroyablement faible qu'un jeune acteur dans la fleur de l'âge. Vous voyez, il souffrait vraiment de paralysie, et travaillant dans ces limites définies, il ne pouvait pas être aussi joyeux paralysé que moi. Ensuite, il a essayé de critiquer intellectuellement mes affirmations. J'ai contré cela par une esquive très simple. Chaque fois qu'il disait quelque chose que personne d'autre que lui ne pouvait comprendre, je répondais par quelque chose que je ne pouvais même pas comprendre moi-même. « Je ne pense pas, dit-il, que vous auriez pu élaborer le principe selon lequel l'évolution n'est qu'une négation, puisqu'elle comporte en elle l'introduction de lacunes, qui sont essentielles à la différenciation. Je lui répondis avec mépris : « Vous avez lu tout cela dans Pinckwerts ; la notion selon laquelle l'involution fonctionnait de manière eugénique a été exposée il y a longtemps par Glumpe . Il est inutile de dire qu'il n'y a jamais eu de gens comme Pinckwerts et Glumpe . Mais tout le monde (à ma grande surprise) semblait s'en souvenir assez bien, et le professeur, trouvant que la méthode savante et mystérieuse le laissait plutôt à la merci d'un ennemi légèrement dépourvu de scrupules, se rabattit sur une forme plus populaire. d'esprit. « Je vois, ricana-t-il, vous l'emportez comme le faux cochon d' Ésope . — Et tu échoues, répondis-je en souriant, comme le hérisson de Montaigne. Faut-il préciser qu'il n'y a pas de hérisson à Montaigne ? « Votre baratin s'en va », dit-il ; 'ta barbe aussi.' Je n'avais pas de réponse intelligente à cette question, qui était tout à fait vraie et plutôt spirituelle. Mais j'ai ri de bon cœur, j'ai répondu au hasard : « Comme les bottes du panthéiste » , et j'ai tourné les talons avec tous les honneurs de la victoire. Le vrai professeur a été expulsé, mais pas avec violence, même si un homme a essayé très patiemment de lui arracher le nez. Il est maintenant, je crois, reçu partout en Europe comme un délicieux imposteur. Son apparent sérieux et sa colère, voyez-vous, le rendent d'autant plus divertissant.

"Eh bien," dit Syme, "je peux comprendre que vous mettiez sa sale vieille barbe pour une farce d'une nuit, mais je ne comprends pas que vous ne l'enleviez plus jamais."

"C'est le reste de l'histoire", a déclaré l'imitateur. «Quand j'ai moi-même quitté la compagnie, suivi d'applaudissements respectueux, j'ai marché en boitant dans la rue sombre, espérant que je serais bientôt assez loin pour pouvoir marcher comme un être humain. À mon grand étonnement, alors que je tournais le coin, j'ai senti un contact sur l'épaule et, me retournant, je me suis retrouvé dans l'ombre d'un énorme policier. Il m'a dit que j'étais recherché. J'ai pris une sorte d'attitude paralysée et j'ai crié avec un fort accent allemand : « Oui, je suis recherché… par les opprimés du monde. Vous m'arrêtez sous l'accusation d'être le grand anarchiste, le professeur de Worms. Le policier consulta impassiblement un papier à la main. « Non, monsieur, dit-il poliment, du moins, pas exactement, monsieur. Je vous arrête sous l'accusation de ne pas être le célèbre anarchiste, le professeur de Worms. Cette accusation, si elle était criminelle, était certainement la plus légère des deux, et j'accompagnai l'homme, dubitatif, mais pas très consterné. On m'a conduit dans un certain nombre de pièces, et finalement en présence d'un officier de police, qui m'a expliqué qu'une campagne sérieuse avait été ouverte contre les foyers de l'anarchie et que cette mascarade réussie pourrait être d'une valeur considérable pour le public. sécurité. Il m'a proposé un bon salaire et cette petite carte bleue. Bien que notre conversation ait été courte, il m'a semblé être un homme doté d'un bon sens et d'un humour très répandus ; mais je ne peux pas vous en dire beaucoup sur lui personnellement, parce que…

Syme posa son couteau et sa fourchette.

«Je sais», dit-il, «parce que vous lui avez parlé dans une pièce sombre.»

Le professeur de Worms hocha la tête et vida son verre.

CHAPITRE IX.
L'HOMME À LUNETTES

"La Bourgogne est une chose joyeuse", dit tristement le professeur en posant son verre.

— Vous n'en avez pas l'air, dit Syme ; "Vous le buvez comme si c'était un médicament."

« Vous devez excuser mes manières, » dit tristement le professeur, « ma position est plutôt curieuse. À l'intérieur, je déborde vraiment d'une gaieté enfantine ; mais j'ai si bien joué le professeur paralytique que maintenant je ne peux plus m'arrêter. De sorte que, quand je suis entre amis et que je n'ai pas du tout besoin de me déguiser, je ne peux m'empêcher de parler lentement et de froncer le front, comme si c'était mon front. Je peux être très heureux, n'est-ce pas, mais seulement de manière paralysante. Les exclamations les plus enjouées surgissent dans mon cœur, mais elles sortent de ma bouche tout autrement. Vous devriez m'entendre dire : « Arrête-toi, vieux coq ! » Cela vous mettrait les larmes aux yeux. »

«C'est vrai», dit Syme; "Mais je ne peux m'empêcher de penser qu'en dehors de tout cela, vous êtes vraiment un peu inquiet."

Le professeur sursauta un peu et le regarda fixement.

« Vous êtes un homme très intelligent, dit-il, c'est un plaisir de travailler avec vous. Oui, j'ai un gros nuage dans la tête. Il y a un grand problème à affronter, » et il enfonça son front chauve dans ses deux mains.

Puis il dit à voix basse :

"Pouvez-vous jouer du piano?"

"Oui", dit Syme avec un simple émerveillement, "je suis censé avoir un bon toucher."

Puis, comme l'autre ne parlait pas, il ajouta :

"J'espère que le grand nuage est dissipé."

Après un long silence, le Professeur dit de l'ombre caverneuse de ses mains :

"Cela aurait aussi bien fonctionné si vous pouviez travailler sur une machine à écrire."

"Merci", dit Syme, "vous me flattez."

« Écoutez-moi, dit l'autre, et rappelez-vous qui nous devons voir demain. Vous et moi allons demain tenter quelque chose de bien plus dangereux que d'essayer de voler les joyaux de la couronne de la Tour. Nous essayons de voler un secret à un homme très pointu, très fort et très méchant. Je crois qu'il n'y a personne, à l'exception du président, bien sûr, qui soit aussi surprenant et redoutable que ce petit bonhomme souriant portant des lunettes. Il n'a peut-être pas l'enthousiasme brûlant jusqu'à la mort, le martyre fou de l'anarchie qui caractérise le secrétaire. Mais ce fanatisme même du secrétaire a un pathétique humain et constitue presque un trait rédempteur. Mais le petit Docteur a une santé mentale brutale, plus choquante que la maladie du Secrétaire. Ne remarquez-vous pas sa virilité et sa vitalité détestables. Il rebondit comme une balle en caoutchouc . Croyez-le, Sunday ne dormait pas (je me demande s'il dort jamais ?) lorsqu'il a enfermé tous les plans de cet attentat dans la tête ronde et noire du Dr Bull.

"Et tu penses", dit Syme, "que ce monstre unique sera apaisé si je lui joue du piano ?"

« Ne sois pas un connard », lui dit son mentor. « J'ai mentionné le piano parce qu'il donne des doigts rapides et indépendants. Syme, si nous voulons passer par cette interview et en ressortir sains d'esprit ou vivants, nous devons avoir entre nous un code de signaux que cette brute ne verra pas. J'ai fait un chiffre alphabétique approximatif correspondant aux cinq doigts - comme ceci, voyez-vous, et il ondula avec ses doigts sur la table en bois - MAUVAIS, mauvais, un mot dont nous pouvons fréquemment avoir besoin.

Syme se servit un autre verre de vin et commença à étudier le projet. Il était anormalement doué avec son cerveau pour résoudre des énigmes et avec ses mains pour conjurer, et il ne lui fallut pas longtemps pour apprendre comment transmettre des messages simples par ce qui semblait être de vains coups sur une table ou un genou. Mais le vin et la compagnie avaient toujours pour effet de lui inspirer une ingéniosité farfelue, et le professeur se retrouva bientôt aux prises avec la trop vaste énergie du nouveau langage, alors qu'il traversait le cerveau enflammé de Syme.

« Nous devons avoir plusieurs mots-signes », dit Syme sérieusement , « des mots que nous souhaiterions probablement, de fines nuances de sens. Mon mot préféré est « contemporain ». Quel est ton?"

« Arrêtez de jouer à la chèvre », dit plaintivement le professeur. "Vous ne savez pas à quel point c'est grave."

« Lush » aussi, dit Syme en secouant la tête avec sagacité, « nous devons avoir « luxuriant » – un mot appliqué à l'herbe, vous ne savez pas ? »

« Imaginez-vous, » demanda furieusement le professeur, « que nous allons parler d'herbe au Dr Bull ?

« Il existe plusieurs manières d'aborder le sujet », dit Syme d'un ton réfléchi, « et d'introduire le mot sans paraître forcé. Nous pourrions dire : « Dr. Bull, en tant que révolutionnaire, vous vous souvenez qu'un tyran nous conseillait autrefois de manger de l'herbe ; et en effet, beaucoup d'entre nous regardent l'herbe fraîche et luxuriante de l'été… "'

« Comprenez-vous, dit l'autre, que c'est une tragédie ?

«Parfaitement», répondit Syme; « Soyez toujours comique dans une tragédie. Que diable pouvez-vous faire d'autre ? J'aimerais que votre langage ait une portée plus large. Je suppose que nous ne pourrions pas l'étendre des doigts aux orteils ? Cela impliquerait d'enlever nos bottes et nos chaussettes pendant la conversation, qui, même discrètement, s'est déroulée… »

« Syme », dit son ami avec une sévère simplicité, « va te coucher !

Syme, cependant, resta assis dans son lit pendant un temps considérable à maîtriser le nouveau code. Il fut réveillé le lendemain matin alors que l'est était encore plongé dans l'obscurité et trouva son allié à la barbe grise debout comme un fantôme à côté de son lit.

Syme s'assit dans son lit en clignant des yeux ; puis lentement rassembla ses pensées, jeta les couvertures et se leva. Il lui sembla d'une manière curieuse que toute la sécurité et la sociabilité de la nuit précédente s'effondraient sans ses draps, et il se leva d'un air de danger glacial. Il éprouvait toujours une entière confiance et loyauté envers son compagnon ; mais c'était la confiance entre deux hommes allant à l'échafaud.

"Eh bien," dit Syme avec une gaieté forcée en enfilant son pantalon, "J'ai rêvé de ton alphabet. As-tu mis du temps à te rattraper ?

Le professeur ne répondit rien, mais regarda devant lui avec des yeux couleur de mer hivernale ; alors Syme répéta sa question.

« Je dis, est-ce que ça t'a pris du temps pour inventer tout ça ? Je suis considéré comme bon dans ces domaines, et ce fut une bonne heure de travail. Avez-vous tout appris sur place ?

Le professeur resta silencieux ; ses yeux étaient grands ouverts et il arborait un sourire fixe mais très petit.

"Combien de temps cela vous a-t-il pris?"

Le professeur ne bougeait pas.

"Tu es confus, tu ne peux pas répondre?" » cria Syme, dans une colère soudaine qui avait quelque chose comme de la peur en dessous. Que le professeur puisse ou non répondre, il ne le fit pas.

Syme restait debout, fixant le visage raide comme du parchemin et les yeux bleus et vides. Sa première pensée fut que le Professeur était devenu fou, mais sa seconde pensée fut plus effrayante. Après tout, que savait-il de cette étrange créature qu'il avait inconsidérément acceptée comme amie ? Que savait-il, sinon que cet homme avait assisté au petit-déjeuner anarchiste et lui avait raconté une histoire ridicule ? Comme il était improbable qu'il y ait là un autre ami à côté de Gogol ! Le silence de cet homme était-il une manière sensationnelle de déclarer la guerre ? Ce regard inflexible n'était-il après tout que le terrible ricanement d'un triple traître qui s'était retourné pour la dernière fois ? Il se leva et tendit l'oreille dans ce silence sans cœur. Il avait presque l'impression d'entendre des dynamiteurs venir le capturer en se déplaçant doucement dans le couloir extérieur.

Puis son regard s'égara vers le bas et il éclata de rire. Même si le professeur lui-même se tenait là, sans voix comme une statue, ses cinq doigts muets dansaient vivants sur la table morte. Syme observa les mouvements scintillants de la main qui parlait et lut clairement le message :

«Je ne parlerai que comme ça. Il faut s'y habituer. »

Il frappa la réponse avec l'impatience du soulagement :

"D'accord. Allons prendre le petit-déjeuner.

Ils prirent leurs chapeaux et leurs bâtons en silence ; mais tandis que Syme prenait son bâton d'épée, il le tenait fermement.

Ils s'arrêtèrent quelques minutes seulement pour avaler du café et des sandwichs grossiers et épais dans un stand de café, puis traversèrent la rivière qui, sous la lumière grise et croissante, paraissait aussi désolée que l'Achéron. Ils atteignirent le bas de l'immense bloc de bâtiments qu'ils avaient aperçu de l'autre côté de la rivière, et commencèrent en silence à gravir les marches de pierre nues et innombrables, s'arrêtant seulement de temps en temps pour faire de brèves remarques sur la rampe de la rampe. À peu près tous les deux vols, ils passaient devant une fenêtre ; chaque fenêtre leur montrait une aube pâle et tragique se levant péniblement sur Londres. De chacun d'eux, les innombrables toits d'ardoise ressemblaient aux vagues plombées d'une mer grise et agitée après la pluie. Syme était de plus en plus conscient que sa nouvelle aventure avait en quelque sorte une froideur mentale pire que les folles aventures du passé. La nuit dernière, par exemple, les hauts immeubles lui avaient semblé comme une tour dans un rêve. Alors qu'il gravissait maintenant les marches lasses et perpétuelles, il était intimidé et déconcerté par leur série presque infinie. Mais ce n'était pas l'horreur brûlante d'un rêve ou de quoi que ce soit qui puisse être une exagération ou une illusion. Leur infinité ressemblait davantage à l'infini vide de l'arithmétique, quelque chose d'impensable, mais nécessaire à la pensée. Ou bien c'était comme les déclarations stupéfiantes de l'astronomie sur la distance des étoiles fixes. Il montait dans la maison de la raison, chose plus hideuse que la déraison elle-même.

Au moment où ils atteignirent le palier du Dr Bull, une dernière fenêtre leur montra une aube dure et blanche bordée de bancs d'une sorte de rouge grossier, ressemblant davantage à de l'argile rouge qu'à un nuage rouge. Et lorsqu'ils entrèrent dans la mansarde nue du Dr Bull, elle était pleine de lumière.

Syme avait été hanté par un souvenir à moitié historique lié à ces salles vides et à ce lever de jour austère. Dès l'instant où il a vu le grenier et le Dr Bull assis à une table en train d'écrire, il s'est souvenu de ce qu'était ce souvenir : la Révolution française. Il aurait dû y avoir le contour noir d'une guillotine sur le rouge et blanc épais du matin. Le Dr Bull portait uniquement sa chemise blanche et sa culotte noire ; sa tête courte et sombre pourrait bien sortir de sa perruque ; il aurait pu être Marat ou un Robespierre plus négligé.

Pourtant, lorsqu'on l'a bien vu, l'imagination des Français s'est effondrée. Les Jacobins étaient des idéalistes ; il y avait chez cet homme un matérialisme meurtrier. Sa position lui donnait une apparence quelque peu nouvelle. La forte lumière blanche du matin venant d'un côté, créant des ombres nettes, le faisait paraître à la fois plus pâle et plus anguleux qu'il ne l'avait vu en regardant le petit-déjeuner sur le balcon. Ainsi, les deux lunettes noires qui lui entouraient les yeux pourraient en réalité être des cavités noires dans son crâne, le faisant ressembler à une tête de mort. Et, en effet, si jamais la Mort elle-même était assise à écrire sur une table en bois, cela aurait pu être lui.

Il leva les yeux et sourit assez vivement lorsque les hommes entrèrent, et se leva avec la rapidité résiliente dont avait parlé le professeur. Il leur installa des chaises à tous les deux, et se dirigeant vers une patère derrière la porte, il enfila un habit et un gilet de tweed grossier et foncé ; il la boutonna soigneusement et revint s'asseoir à sa table.

La bonne humeur discrète de ses manières laissait ses deux adversaires impuissants. Ce fut avec quelques difficultés momentanées que le professeur rompit le silence et commença : « Je suis désolé de vous déranger si tôt, camarade », dit-il en reprenant soigneusement la lente manière de Worms. « Vous avez sans doute pris toutes les dispositions pour l'affaire de Paris ? Puis il ajouta avec une infinie lenteur : « Nous disposons d'informations qui rendent intolérable tout ce qui peut être un retard d'un instant. »

Le Dr Bull sourit à nouveau, mais continua à les regarder sans parler. Le professeur reprit, une pause avant chaque mot las :

« S'il vous plaît, ne me trouvez pas excessivement brusque ; mais je vous conseille de modifier ces plans, ou s'il est trop tard pour cela, de suivre votre agent avec tout le soutien que vous pourrez lui apporter. Le camarade Syme et moi avons vécu une expérience qu'il faudrait plus de temps à raconter que nous ne pouvons nous le permettre, si nous voulons agir en conséquence. Je raconterai cependant l'événement en détail, même au risque de perdre du temps, si vous estimez vraiment que cela est essentiel à la compréhension du problème dont nous avons à discuter.

Il allongeait ses phrases, les rendait intolérablement longues et traînantes, dans l'espoir de provoquer chez le petit docteur pratique une explosion d'impatience qui pourrait montrer sa main. Mais le petit Docteur continuait seulement à le regarder et à sourire, et le monologue était un travail difficile. Syme commença à ressentir une nouvelle maladie et un nouveau désespoir. Le sourire et le silence du Docteur n'étaient pas du tout comme le regard cataleptique et le silence horrible auxquels il avait été confronté chez le Professeur une demi-heure auparavant. Dans le maquillage du professeur et toutes ses pitreries, il y avait toujours quelque chose de simplement grotesque, comme un gonzesse. Syme se souvenait de ces malheurs sauvages d'hier comme on se souvient d'avoir eu peur de Bogy dans son enfance. Mais ici il faisait jour ; voici un homme en bonne santé, aux épaules carrées, en tweed, ce qui n'était pas étrange hormis le hasard de ses vilaines lunettes, qui ne regardait pas du tout et ne souriait pas du tout, mais souriait régulièrement et ne disait pas un mot. L'ensemble avait un sentiment de réalité insupportable. Sous la lumière croissante du soleil, les couleurs du teint du Docteur, le motif de ses tweeds, grandissaient et s'étendaient outrageusement, comme de telles choses deviennent trop importantes dans un roman réaliste. Mais son sourire était tout à fait léger, la pose de sa tête polie ; la seule chose étrange était son silence.

-- Comme je le dis, reprit le professeur comme un homme qui travaille dans du sable épais, l'incident qui nous est arrivé et qui nous a amenés à demander des renseignements sur le marquis est de ceux que vous jugerez peut-être préférable de raconter ; mais comme cela a gêné le camarade Syme plutôt que moi… »

Ses paroles, il semblait les prolonger comme les paroles d'un hymne ; mais Syme, qui regardait, vit ses longs doigts s'agiter rapidement sur le bord de la table folle. Il a lu le message : « Vous devez continuer. Ce diable m'a aspiré à sec !

Syme s'enfonça dans la brèche avec cette bravade d'improvisation qui lui venait toujours quand il était alarmé.

"Oui, cela m'est vraiment arrivé", dit-il précipitamment. « J'ai eu la chance d'entrer en conversation avec un détective qui me prenait, grâce à mon chapeau, pour une personne respectable. Voulant consolider ma réputation de respectabilité, je l'emmenai et l'enivrai beaucoup au Savoy. Sous cette influence, il s'est lié d'amitié et m'a dit en tant de mots que d'ici un jour ou deux ils espèrent arrêter le marquis en France.

« Donc , à moins que vous ou moi puissions suivre sa trace… »

Le Docteur souriait toujours de la manière la plus amicale et ses yeux protégés étaient toujours impénétrables. Le professeur fit signe à Syme qu'il allait reprendre son explication, et il recommença avec le même calme élaboré.

« Syme m'a immédiatement apporté cette information, et nous sommes venus ici ensemble pour voir quel usage vous seriez enclin à en faire. Il me semble incontestablement urgent que...

Pendant tout ce temps, Syme avait regardé le Docteur presque aussi fixement que le Docteur regardait le Professeur, mais sans sourire. Les nerfs des deux compagnons d'armes étaient sur le point de craquer sous cette tension d'amabilité immobile, lorsque Syme se pencha soudain en avant et tapota distraitement le bord de la table. Son message à son allié était le suivant : « J'ai une intuition ».

Le professeur, avec à peine une pause dans son monologue, lui répondit : « Alors asseyez-vous dessus. »

Syme a télégraphié : « C'est tout à fait extraordinaire. »

L'autre répondit : « Pourriture extraordinaire ! »

Syme a dit : « Je suis un poète. »

L'autre rétorqua : "Tu es un homme mort."

Syme était devenu tout rouge jusqu'à ses cheveux jaunes et ses yeux brûlaient fébrilement. Comme il le disait, il avait eu une intuition, et elle était devenue une sorte de certitude étourdie. Reprenant ses coups symboliques, il fit signe à son ami : « Tu réalises à peine à quel point mon intuition est poétique. Il a cette qualité soudaine que l'on ressent parfois à l'arrivée du printemps.

Il étudia ensuite la réponse sur les doigts de son ami. La réponse a été : « Allez au diable ! »

Le Professeur reprit alors son monologue purement verbal adressé au Docteur.

"Peut-être devrais-je plutôt dire", dit Syme sur ses doigts, "qu'elle ressemble à cette soudaine odeur de mer qu'on peut trouver au cœur des bois luxuriants."

Son compagnon dédaignait de répondre.

"Ou encore", a tapoté Syme, "c'est positif, tout comme les cheveux roux passionnés d'une belle femme."

Le professeur continuait son discours, mais au milieu de celui-ci, Syme décida d'agir. Il se pencha par-dessus la table et dit d'une voix qu'on ne pouvait négliger :

« Dr. Taureau!"

La tête élégante et souriante du Docteur ne bougeait pas, mais on aurait juré que sous ses lunettes noires ses yeux se tournaient vers Syme.

« Dr. Bull, dit Syme d'une voix particulièrement précise et courtoise, me feriez-vous une petite faveur ? Auriez-vous la gentillesse d'enlever vos lunettes ?

Le professeur se retourna sur son siège et regarda Syme avec une sorte de fureur glaciale d'étonnement. Syme, comme un homme qui a jeté sa vie et sa fortune sur la table, se pencha en avant avec un visage enflammé. Le Docteur ne bougea pas.

Pendant quelques secondes, il y eut un silence dans lequel on entendait tomber une épingle, fendue une fois par le hululement unique d'un paquebot lointain sur la Tamise. Puis le Dr Bull se releva lentement, toujours souriant, et ôta ses lunettes.

Syme se leva d'un bond, reculant légèrement, comme un professeur de chimie après une explosion réussie. Ses yeux étaient comme des étoiles, et pendant un instant il ne put que pointer du doigt sans parler.

Le professeur s'était également levé, oubliant sa supposée paralysie. Il s'appuya sur le dossier de la chaise et regarda le Dr Bull d'un air dubitatif, comme si le Docteur s'était transformé en crapaud sous ses yeux. Et en effet, c'était une scène de transformation presque aussi grande.

Les deux détectives virent assis sur la chaise devant eux un jeune homme d'allure très enfantine, avec des yeux noisette très francs et joyeux, une expression ouverte, des vêtements cockney comme ceux d'un employé de la ville, et un souffle indiscutable chez lui d'être très bon et plutôt banal. Le sourire était toujours là, mais c'était peut-être le premier sourire d'un bébé.

«Je savais que j'étais poète», s'écria Syme dans une sorte d'extase. «Je savais que mon intuition était aussi infaillible que le Pape. Ce sont les lunettes qui ont fait ça ! C'était tous les spectacles. Compte tenu de ses yeux noirs et bestiaux, et de tout le reste de sa personne, sa santé et son air joyeux, faisaient de lui un diable vivant parmi les morts.

"Cela fait certainement une drôle de différence", dit le professeur en tremblant. "Mais en ce qui concerne le projet du docteur Bull..."

« Au diable le projet ! » » rugit Syme, hors de lui. "Regarde-le! Regardez son visage, regardez son col, regardez ses bottes bénies ! Vous ne pensez pas, n'est-ce pas, que cette chose est anarchiste ?

« Symé ! » s'écria l'autre avec appréhension.

« Eh bien, par Dieu, » dit Syme, « je vais prendre le risque moi-même ! Dr Bull, je suis policier. Voilà ma carte, » et il jeta la carte bleue sur la table.

Le professeur craignait toujours que tout soit perdu ; mais il était fidèle. Il sortit sa propre carte officielle et la plaça à côté de celle de son ami. Puis le troisième homme éclata de rire et, pour la première fois de la matinée, ils entendirent sa voix.

« Je suis vraiment heureux que vous soyez venus si tôt, dit-il avec une sorte de désinvolture d'écolier, car nous pouvons tous partir ensemble pour la France. Oui, je suis dans la force, c'est vrai, » et il leur lança légèrement une carte bleue pour la forme.

Plaçant un lanceur vif sur sa tête et reprenant ses lunettes de gobelin, le Docteur se dirigea si rapidement vers la porte, que les autres le suivirent instinctivement. Syme semblait un peu désemparé, et alors qu'il passait sous la porte , il frappa soudain avec son bâton le passage en pierre, si bien que celui-ci sonna.

"Mais Seigneur Dieu Tout-Puissant", s'écria-t-il, "si tout va bien, il y avait plus de maudits détectives que de maudits dynamiteurs au maudit Conseil !"

« Nous aurions pu nous battre facilement », dit Bull ; "nous étions quatre contre trois."

Le professeur descendait les escaliers, mais sa voix venait d'en bas.

"Non", dit la voix, "nous n'étions pas quatre contre trois, nous n'avons pas eu cette chance. Nous étions quatre contre un.

Les autres descendirent les escaliers en silence.

Le jeune homme appelé Bull, avec une courtoisie innocente qui lui était propre, insista pour passer le dernier jusqu'à ce qu'ils arrivent dans la rue ; mais là, sa propre rapidité robuste s'affirma inconsciemment, et il se dirigea d'un pas rapide vers un bureau d'enquête ferroviaire, parlant aux autres par-dessus son épaule.

"C'est sympa de retrouver des copains", dit-il. « J'étais à moitié mort avec les sauts, étant assez seul. J'ai failli jeter mes bras autour de Gogol et l'embrasser, ce qui eût été imprudent. J'espère que vous ne me mépriserez pas pour avoir été dans un état de déprime bleue.

"Tous les diables bleus de l'enfer bleu", a déclaré Syme, "ont contribué à mon blue funk ! Mais le pire diable, c'était toi et tes lunettes infernales.

Le jeune homme rit avec ravissement.

"N'était-ce pas un chiffon?" il a dit. « Une idée si simple, pas la mienne. Je n'ai pas le cerveau. Vous voyez, je voulais entrer dans le service de détective, en particulier dans le domaine de l'anti-dynamite. Mais pour cela, ils voulaient que quelqu'un se déguise en dynamiteur ; et ils juraient tous par les flammes que je ne pourrais jamais ressembler à un dynamiteur. Ils disaient que ma démarche était respectable et que, vu de dos, je ressemblais à la Constitution britannique. Ils ont dit que j'avais l'air trop en bonne santé et trop optimiste, et trop fiable et bienveillant ; ils m'ont traité de toutes sortes de noms à Scotland Yard. On disait que si j'avais été un criminel, j'aurais peut-être fait fortune en ressemblant autant à un honnête homme ; mais comme j'avais le malheur d'être un honnête homme, il n'y avait pas la moindre chance que je les assiste en ayant jamais l'air d'un criminel. Mais enfin , je fus amené devant un vieux josser qui était haut placé dans la police et qui semblait avoir une tête interminable sur les épaules. Et là, tous les autres parlaient désespérément. L'un d'eux m'a demandé si une barbe touffue cacherait mon joli sourire ; un autre a dit que s'ils me noircissaient le visage, je pourrais ressembler à un anarchiste nègre ; mais ce vieux type intervint avec une remarque des plus extraordinaires. « Une paire de lunettes fumées fera l'affaire », dit-il positivement. « Regardez-le maintenant ; il ressemble à un garçon de bureau angélique. Mettez-lui une paire de lunettes fumées, et les enfants hurleront à sa vue. Et il en fut ainsi, par George ! Une fois mes yeux couverts, tout le reste, sourire, grandes épaules et cheveux courts, me faisait ressembler à un parfait petit diable. Comme je l'ai dit, c'était assez simple une fois fait, comme des miracles ; mais ce n'était pas là la partie vraiment miraculeuse. Il y avait une chose vraiment stupéfiante dans cette entreprise, et cela me tourne encore la tête.

"Ca c'était quoi?" demanda Syme.

«Je vais vous le dire », répondit l'homme à lunettes. « Ce gros pot de la police qui m'a évalué pour savoir comment les lunettes iraient avec mes cheveux et mes chaussettes – par Dieu, il ne m'a jamais vu du tout !

Les yeux de Syme se posèrent soudain sur lui.

"Comment était-ce?" Il a demandé. "Je pensais que tu lui avais parlé."

« C'est ce que j'ai fait, » dit Bull avec gaieté ; « mais nous avons parlé dans une pièce plongée dans l'obscurité totale, comme une cave à charbon . Là, vous n'auriez jamais deviné ça.

«Je n'aurais pas pu le concevoir», dit gravement Syme.

"C'est effectivement une idée nouvelle", a déclaré le professeur.

Leur nouvel allié était, sur le plan pratique, un véritable tourbillon. Au bureau d'enquête, il s'enquit avec brièveté et pragmatisme des trains pour Douvres. Ayant obtenu ses informations, il a regroupé la compagnie dans un taxi et les a mis, ainsi que lui-même, dans un wagon de chemin de fer avant qu'ils n'aient correctement réalisé le processus haletant. Ils étaient déjà sur le bateau de Calais avant que la conversation ne se déroule librement.

« J'avais déjà prévu, expliqua-t-il, d'aller déjeuner en France ; mais je suis ravi d'avoir quelqu'un pour déjeuner avec moi. Vous voyez, j'ai dû envoyer cette bête, le Marquis, avec sa bombe, parce que le Président me surveillait, même si Dieu sait comment. Je te raconterai l'histoire un jour . C'était parfaitement étouffant. Chaque fois que j'essayais de m'en sortir, j'apercevais quelque part le président, souriant depuis la fenêtre d'un club, ou me retirant son chapeau du haut d'un omnibus. Je vous le dis, vous pouvez dire ce que vous voulez, ce type s'est vendu au diable ; il peut être à six endroits à la fois.

— Vous avez donc renvoyé le marquis, je comprends, demanda le professeur. « C'était il y a longtemps ? Serons-nous à temps pour l'attraper ?

« Oui », répondit le nouveau guide, « j'ai tout chronométré. Il sera toujours à Calais quand nous arriverons.

" Mais quand nous l'aurons attrapé à Calais, " dit le professeur, " qu'allons-nous faire ? "

A cette question, le visage du docteur Bull tomba pour la première fois. Il réfléchit un peu, puis dit :

"En théorie, je suppose que nous devrions appeler la police."

"Pas moi", a déclaré Syme. « En théorie, je devrais d'abord me noyer. J'ai promis à un pauvre garçon, qui était un véritable pessimiste moderne, sur ma parole d' honneur , de ne pas le dire à la police. Je ne suis pas doué en casuistique, mais je ne peux pas rompre ma parole envers un pessimiste moderne. C'est comme manquer à sa parole envers un enfant.»

«Je suis dans le même bateau», a déclaré le professeur. « J'ai essayé de le dire à la police et je n'ai pas pu, à cause d'un serment stupide que j'ai prêté. Vous voyez, quand j'étais acteur , j'étais une sorte de bête polyvalente. Le parjure ou la trahison est le seul crime que je n'ai pas commis. Si je faisais cela, je ne devrais pas connaître la différence entre le bien et le mal.

« J'ai vécu tout cela, a déclaré le Dr Bull, et j'ai pris ma décision. J'ai fait ma promesse au secrétaire, vous le connaissez, l'homme qui sourit à l'envers. Mes amis, cet homme est l'homme le plus malheureux qui ait jamais existé. C'est peut-être sa digestion, ou sa conscience, ou ses nerfs, ou sa philosophie de l'univers, mais il est damné, il est en enfer ! Eh bien, je ne peux pas m'en prendre à un homme comme ça et le traquer. C'est comme fouetter un lépreux. Je suis peut-être en colère, mais c'est ce que je ressens ; et c'est bel et bien la fin.

"Je ne pense pas que tu sois fou", a déclaré Syme. « Je savais que tu déciderais ainsi quand tu… »

"Hein?" dit le Dr Bull.

"Quand tu as enlevé tes lunettes pour la première fois."

Le Dr Bull sourit un peu et traversa le pont pour regarder la mer ensoleillée. Puis il revint d'un pas nonchalant, donnant des coups de talons négligemment, et un silence amical s'établit entre les trois hommes.

"Eh bien", dit Syme, "il semble que nous ayons tous le même genre de moralité ou d'immoralité, nous ferions donc mieux d'accepter les conséquences de cette situation."

« Oui, » acquiesça le professeur, « vous avez tout à fait raison ; et il faut se dépêcher, car je vois le Nez Gris se détacher de la France.

« Le fait qui en ressort, » dit Syme sérieusement, « c'est que nous sommes tous les trois seuls sur cette planète. Gogol est parti, Dieu sait où ; peut-être que le Président l'a écrasé comme une mouche. Au Conseil, nous sommes trois hommes contre trois, comme les Romains qui tenaient le pont. Mais notre situation est pire que cela, d'abord parce qu'ils peuvent faire appel à leur organisation et nous ne pouvons pas faire appel à la nôtre, et ensuite parce que… »

"Parce que l'un de ces trois autres hommes," dit le professeur, "n'est pas un homme."

Syme hocha la tête et resta silencieux pendant une seconde ou deux, puis il dit :

« Mon idée est la suivante. Il faut faire quelque chose pour garder le marquis à Calais jusqu'à demain midi. J'ai retourné vingt schémas dans ma tête. On ne peut pas le dénoncer comme un dynamiteur ; c'est convenu. Nous ne pouvons pas le faire arrêter pour une accusation insignifiante, car nous devrions être obligés de comparaître ; il nous connaît et il flairerait un rat. Nous ne pouvons pas prétendre le garder dans des affaires anarchistes ; il pourrait avaler beaucoup de choses de cette façon, mais pas l'idée de s'arrêter à Calais pendant que le tsar traversait Paris en toute sécurité. Nous pourrions essayer de le kidnapper et de l'enfermer nous-mêmes ; mais c'est un homme bien connu ici. Il a toute une garde du corps composée d'amis ; il est très fort et courageux, et l'événement est douteux. La seule chose que je vois faire est de profiter de ce qui est en faveur du marquis . Je vais profiter du fait qu'il est un noble très respecté. Je vais profiter du fait qu'il a beaucoup d'amis et qu'il évolue dans la meilleure société.

« De quoi diable parles-tu ? demanda le professeur.

« Les Symes sont mentionnés pour la première fois au XIVe siècle », a déclaré Syme ; « mais il existe une tradition selon laquelle l'un d'eux est monté derrière Bruce à Bannockburn. Depuis 1350, l'arbre est tout à fait clair.

« Il a perdu la tête », dit le petit Docteur en le regardant fixement.

« Nos relèvements, continua calmement Syme, sont en argent au chevron de gueules chargé de trois croix croisées de champ. La devise varie.

Le professeur saisit Syme brutalement par le gilet.

« Nous sommes juste à terre », a-t-il déclaré. « Vous avez le mal de mer ou vous plaisantez au mauvais endroit ?

"Mes remarques sont presque douloureusement pratiques", répondit Syme sans se presser. « La maison de Saint-Eustache est aussi très ancienne. Le marquis ne peut nier qu'il est un gentleman. Il ne peut pas nier que je suis un gentleman. Et afin de mettre la question de ma position sociale hors de tout doute, je propose de lui tirer le chapeau le plus tôt possible. Mais nous voici dans le port .

Ils débarquèrent sous un soleil brûlant, dans une sorte d'hébétude. Syme, qui avait désormais pris les devants comme Bull l'avait pris à Londres, les conduisit le long d'une sorte de défilé marin jusqu'à ce qu'il arrive à quelques cafés, entourés d'un bloc de verdure et dominant la mer. Tandis qu'il les précédait, son pas était légèrement fanfaron et il balançait son bâton comme une épée. Il se dirigeait apparemment vers l'extrémité de la file des cafés, mais il s'arrêta brusquement. D'un geste aigu, il leur fit signe de se taire, mais il leur montra d'un doigt ganté une table de café sous un massif de feuillages fleuris où était assis le marquis de Saint-Eustache, les dents brillantes dans son épaisse barbe noire et son air audacieux. , visage brun ombragé par un chapeau de paille jaune clair et se détachant sur la mer violette.

CHAPITRE X.
LE DUEL

Syme s'assit à une table de café avec ses compagnons, ses yeux bleus pétillants comme la mer brillante en contrebas, et commanda une bouteille de Saumur avec une impatience heureuse. Pour une raison quelconque, il était dans un état d'hilarité curieuse. Son moral était déjà anormalement élevé ; ils se soulevèrent à mesure que le Saumur coulait, et en une demi-heure son discours fut un torrent d'absurdités. Il prétendit élaborer un plan de la conversation qui allait s'ensuivre entre lui et le meurtrier marquis. Il l'a noté sauvagement avec un crayon. Il était organisé comme un catéchisme imprimé, avec des questions et des réponses, et était prononcé avec une rapidité extraordinaire.

«Je vais m'approcher. Avant d'enlever son chapeau, j'enlèverai le mien. Je dirai : « Le marquis de Saint-Eustache, je crois. Il dira : « Le célèbre M. Syme, je présume. Il dira dans le français le plus exquis : « Comment vas-tu ? Je répondrai dans le style Cockney le plus exquis : « Oh, juste le Syme… »

"Oh, ferme-la", dit l'homme à lunettes. « Ressaisis-toi et jette ce morceau de papier. Qu'est-ce que tu vas vraiment faire ?

"Mais c'était un joli catéchisme", dit Syme pathétiquement. «Laisse-moi te le lire. Il ne contient que quarante-trois questions et réponses, et certaines des réponses du marquis sont merveilleusement pleines d'esprit. J'aime être juste envers mon ennemi.

"Mais à quoi ça sert ?" » demanda le Dr Bull avec exaspération.

"Cela m'amène à mon défi, tu ne vois pas", a déclaré Syme, rayonnant. — Quand le marquis aura donné la trente-neuvième réponse, qui court…

« Est-ce que par hasard vous auriez pensé, » demanda le professeur avec une lourde simplicité, « que le marquis ne pourrait pas dire les quarante-trois choses que vous lui avez écrites ? Dans ce cas, je comprends, vos propres épigrammes peuvent paraître un peu plus forcées.

Syme frappa la table avec un visage radieux.

«Eh bien, comme c'est vrai», dit-il, «et je n'y ai jamais pensé. Monsieur, vous avez un intellect au-delà du commun. Vous vous ferez un nom.

"Oh, tu es ivre comme un hibou!" dit le docteur.

« Il ne me reste plus qu'à adopter une autre méthode pour briser la glace (si je puis m'exprimer ainsi) entre moi et l'homme que je veux tuer. Et comme le déroulement d'un dialogue ne peut être prédit par l'une seule des parties (comme vous l'avez souligné avec une telle perspicacité), la seule chose à faire, je suppose, est que l'une des parties, dans la mesure du possible , faire tout le dialogue par lui-même. Et c'est ce que je ferai, par George ! » Et il se releva brusquement, ses cheveux jaunes flottant dans la légère brise marine.

Un orchestre jouait dans un *café chantant* caché quelque part parmi les arbres, et une femme venait d'arrêter de chanter. Sur la tête échauffée de Syme, le braiment de la fanfare ressemblait au tintement et au tintement de cet orgue de Barbarie de Leicester Square, sur l'air duquel il s'était autrefois levé pour mourir. Il regarda vers la petite table où était assis le marquis. L'homme avait maintenant deux compagnons, des Français solennels en redingote et chapeaux de soie, l'un d'eux avec la rosette rouge de la Légion d' honneur , évidemment des gens d'une solide position sociale. Outre ces costumes noirs et cylindriques, le marquis, avec son ample chapeau de paille et ses légers vêtements de printemps, avait un air bohème et même barbare ; mais il avait l'air du marquis. En effet, on pourrait dire qu'il ressemblait au roi, avec son élégance animale, ses yeux méprisants et sa tête fière levée contre la mer pourpre. Mais il n'était en aucun cas un roi chrétien ; c'était plutôt quelque despote basané, moitié grec, moitié asiatique, qui, au temps où l'esclavage paraissait naturel, méprisait la Méditerranée, sa galère et ses esclaves gémissant. C'est exactement ainsi, pensa Syme, que le visage brun-or d'un tel tyran aurait pu ressortir sur le vert foncé des olives et le bleu brûlant.

« Allez-vous prendre la parole à la réunion ? » demanda maussadement le Professeur, voyant que Syme se levait toujours sans bouger.

Syme vida son dernier verre de vin mousseux.

« Je suis, dit-il en désignant le marquis et ses compagnons, cette réunion. Cette rencontre me déplaît. Je vais arracher le grand nez laid et couleur acajou de cette réunion .

Il traversa rapidement, quoique pas tout à fait régulièrement. Le marquis, le voyant, arqua ses sourcils noirs assyriens de surprise, mais sourit poliment.

« Vous êtes M. Syme, je pense », dit-il.

Syme s'inclina.

« Et vous êtes le marquis de Saint-Eustache », dit-il gracieusement. "Permettez-moi de vous tirer le nez."

Il se pencha pour le faire, mais le marquis recula, renversant sa chaise, et les deux hommes en haut-de-forme retinrent Syme par les épaules.

"Cet homme m'a insulté !" » dit Syme avec des gestes d'explication.

"Vous avez insulté?" s'écria le monsieur à la rosette rouge, quand ?

"Oh, tout à l'heure", dit Syme avec insouciance. "Il a insulté ma mère."

"J'ai insulté ta mère!" s'exclama le monsieur incrédule.

"Eh bien, de toute façon," dit Syme, concédant un point, "ma tante."

"Mais comment le marquis a-t-il pu insulter votre tante tout à l'heure ?" » dit le second gentleman avec un étonnement légitime. "Il est resté assis ici tout le temps."

"Ah, c'est ce qu'il a dit!" dit sombrement Syme.

« Je n'ai rien dit du tout, dit le marquis, sauf quelque chose sur la fanfare. J'ai seulement dit que j'aimais que Wagner jouait bien.»

"C'était une allusion à ma famille", a déclaré Syme avec fermeté. «Ma tante a mal joué Wagner. C'était un sujet douloureux. Nous sommes toujours insultés à ce sujet.

«Cela semble très extraordinaire», dit le monsieur décoré *en* regardant le marquis d'un air dubitatif.

"Oh, je vous assure", dit Syme avec sérieux, "toute votre conversation était simplement remplie d'allusions sinistres aux faiblesses de ma tante."

"Ça n'a pas de sens!" dit le second gentleman. "Pour ma part, je n'ai rien dit depuis une demi-heure, sauf que j'aimais le chant de cette fille aux cheveux noirs."

"Eh bien, vous voilà à nouveau!" dit Syme avec indignation. " Ceux de ma tante étaient rouges."

— Il me semble, dit l'autre, que vous cherchez simplement un prétexte pour insulter le marquis.

«Par Georges!» dit Syme en se tournant vers lui et en le regardant, quel type intelligent tu es !

Le marquis sursauta avec des yeux flamboyants comme ceux d'un tigre .

« Vous cherchez une querelle avec moi ! il pleure. « Vous cherchez à vous battre avec moi ! Par Dieu! il n'y a jamais eu un homme qui ait dû chercher longtemps. Ces messieurs agiront peut-être pour moi. Il reste encore quatre heures de jour. Battons-nous ce soir.

Syme s'inclina avec une assez belle grâce.

« Marquis, dit-il, votre action est digne de votre renommée et de votre sang. Permettez-moi de consulter un instant les messieurs entre les mains desquels je me remettrai.

En trois grandes enjambées, il rejoignit ses compagnons, et ceux-ci, qui avaient vu son attaque inspirée par le champagne et écouté ses explications idiotes, furent tout à fait surpris de son regard. Pour l'instant qu'il revenait vers eux, il était tout à fait sobre, un peu pâle, et il parlait à voix basse avec un sens pratique passionné.

«Je l'ai fait», dit-il d'une voix rauque. «J'ai organisé un combat contre la bête. Mais regardez ici et écoutez attentivement. Il n'y a pas de temps pour parler. Vous êtes mes seconds et tout doit venir de vous. Maintenant, il faut insister, et insister absolument, pour que le duel ait lieu demain après sept heures, afin de me donner la chance de l'empêcher de prendre le 7 h 45 pour Paris. S'il rate cela, il rate son crime. Il ne peut pas refuser de vous rencontrer en si peu de temps et de lieu. Mais c'est ce qu'il fera. Il choisira un champ quelque part près d'une gare routière, où il pourra récupérer le train. C'est un très bon épéiste, et il comptera me tuer à temps pour l'attraper. Mais je sais aussi bien tirer, et je pense que je peux le garder en jeu, en tout cas, jusqu'à ce que le train soit perdu. Alors peut-être qu'il me tuera pour consoler ses sentiments. Vous comprenez? Eh bien, laissez-moi vous présenter quelques-uns de mes charmants amis. » Et les conduisant rapidement à travers le cortège, il les présenta aux seconds du marquis sous deux noms très aristocratiques dont ils n'avaient pas entendu parler auparavant.

Syme était sujet à des spasmes de bon sens singuliers, qui ne faisaient pas autrement partie de son caractère. C'étaient (comme il le disait de son élan pour les spectacles) des intuitions poétiques, et elles s'élevaient parfois jusqu'à l'exaltation de la prophétie.

Il avait bien calculé dans cette affaire la politique de son adversaire. Lorsque le marquis fut informé par ses seconds que Syme ne pouvait combattre que le matin, il dut se rendre compte qu'un obstacle s'était soudainement dressé entre lui et son entreprise de lancement de bombes dans la capitale. Naturellement, il ne pouvait pas expliquer cette objection à ses amis, aussi choisit-il la voie prédite par Syme. Il décida ses seconds à s'installer dans un petit pré, non loin de la voie ferrée, et il comptait sur la fatalité du premier engagement.

Lorsqu'il descendait très froidement au champ d' honneur , personne n'aurait pu deviner qu'il avait quelques inquiétudes au sujet d'un voyage ; ses mains étaient dans ses poches, son chapeau de paille sur l'arrière de la tête, son beau visage effronté au soleil. Mais il aurait pu paraître étrange à un étranger qu'apparaissent dans sa suite non seulement ses seconds portant l'étui à épée, mais deux de ses serviteurs portant un portemanteau et un panier à lunch.

Aussi tôt soit-il, le soleil inondait tout de chaleur, et Syme fut vaguement surpris de voir tant de fleurs printanières brûlant d'or et d'argent dans les hautes herbes dans lesquelles toute la compagnie se tenait presque jusqu'aux genoux.

A l'exception du marquis, tous les hommes étaient en tenue du matin sombre et solennelle, avec des chapeaux pareils à des cheminées noires ; le petit docteur surtout, avec ses lunettes noires en plus, ressemblait à un croque-mort de farce. Syme ne pouvait s'empêcher de ressentir un contraste comique entre ce défilé funèbre de vêtements à l'église et la prairie riche et scintillante, où poussaient partout des fleurs sauvages. Mais en effet, ce contraste comique entre les fleurs jaunes et les chapeaux noirs n'était qu'un symbole du contraste tragique entre les fleurs jaunes et le commerce noir. A sa droite, il y avait un petit bois ; au loin, sur sa gauche, s'étendait la longue courbe de la voie ferrée, qu'il protégeait pour ainsi dire du marquis, dont c'était le but et la fuite. Devant lui, derrière le groupe noir de ses adversaires, il apercevait, comme un nuage teinté, un petit amandier en fleur sur la faible ligne de la mer.

Le membre de la Légion d' honneur , dont le nom semblait être le colonel Ducroix , s'approcha du professeur et du docteur Bull avec une grande politesse et suggéra que la pièce se termine par la première blessure considérable.

Cependant, le Dr Bull, après avoir été soigneusement conseillé par Syme sur ce point de politique, insista, avec une grande dignité et dans un très mauvais français, pour que cela se poursuive jusqu'à ce qu'un des combattants soit invalide. Syme avait décidé qu'il pourrait éviter de neutraliser le marquis et empêcher le marquis de le neutraliser pendant au moins vingt minutes. Dans vingt minutes , le train de Paris serait passé.

de la valeur bien connues de M. de Saint-Eustache, » dit solennellement le professeur, « il doit être indifférent de savoir quelle méthode est adoptée, et notre directeur a de fortes raisons d'exiger une rencontre plus longue. des raisons dont la délicatesse m'empêche d'être explicite, mais dont le caractère juste et honorable me permet…

« *Peste !* » interrompit le marquis derrière lui, dont le visage s'était soudain assombri, « arrêtons de parler et commençons », et il coupa la tête d'une grande fleur avec son bâton.

Syme comprit sa grossière impatience et regarda instinctivement par-dessus son épaule pour voir si le train était en vue. Mais il n'y avait aucune fumée à l'horizon.

Le colonel Ducroix s'agenouilla et déverrouilla l'étui, sortant une paire d'épées jumelles qui captèrent la lumière du soleil et se transformèrent en deux traînées de feu blanc. Il en offrit une au marquis, qui la lui arracha sans cérémonie, et une autre à Syme, qui la prit, la courba et la mit en équilibre avec autant de retard que la dignité le permettait.

Ensuite, le colonel a sorti une autre paire de lames, en a pris une lui-même et en a donné une autre au Dr Bull, avant de placer les hommes.

Les deux combattants avaient jeté leurs manteaux et leurs gilets et se tenaient l'épée à la main. Les seconds se tenaient de chaque côté de la ligne de combat, l'épée nue également, mais toujours sombres dans leurs redingotes et leurs chapeaux sombres. Les directeurs ont salué. Le colonel dit doucement : « Engagez-vous ! et les deux lames se touchèrent et picotèrent.

Lorsque le pot de fer assemblé parcourut le bras de Syme, toutes les peurs fantastiques qui ont fait l'objet de cette histoire tombèrent de lui comme les rêves d'un homme qui se réveille dans son lit. Il s'en souvenait clairement et dans l'ordre comme de simples illusions nerveuses : comment la peur du Professeur avait été la peur des accidents tyranniques du cauchemar, et comment la peur du Docteur avait été la peur du vide sans air de la science. La première était la vieille peur qu'un miracle puisse se produire, la seconde la peur moderne, plus désespérée, qu'aucun miracle ne puisse jamais se produire. Mais il voyait que ces craintes n'étaient que des chimères, car il se trouvait en présence du grand fait de la peur de la mort, avec son bon sens grossier et impitoyable. Il se sentait comme un homme qui avait rêvé toute la nuit de tomber dans des précipices et qui s'était réveillé le matin où il allait être pendu. Car dès qu'il eut vu la lumière du soleil couler dans le canal de la lame raccourcie de son ennemi, et dès qu'il eut senti les deux langues d'acier se toucher, vibrant comme deux êtres vivants, il sut que son ennemi était un terrible combattant, et que probablement sa dernière heure était venue.

Il ressentait une valeur étrange et vivante dans toute la terre autour de lui, dans l'herbe sous ses pieds ; il ressentait l'amour de la vie dans tous les êtres vivants. Il aurait presque cru entendre l'herbe pousser ; il pouvait presque imaginer que, même alors qu'il se tenait debout, des fleurs fraîches poussaient et s'épanouissaient dans la prairie – des fleurs rouge sang et or et bleu brûlant, accomplissant tout le spectacle du printemps. Et chaque fois que ses yeux s'éloignaient un instant des yeux calmes, fixes et hypnotiques du marquis, ils apercevaient la petite touffe d'amandier se détachant sur l'horizon. Il avait le sentiment que si par miracle il s'en sortait, il serait prêt à rester assis pour toujours devant cet amandier, ne désirant plus rien d'autre au monde.

Mais tandis que la terre, le ciel et tout le reste avaient la beauté vivante d'une chose perdue, l'autre moitié de sa tête était aussi claire que du verre, et il parait la pointe de son ennemi avec une sorte d'habileté mécanique dont il se croyait à peine capable. Une fois, la pointe de son ennemi courut le long de son poignet, laissant une légère trace de sang, mais elle ne fut pas remarquée ou fut tacitement ignorée. De temps en temps, il *ripostait* , et une ou deux fois, il pouvait presque croire qu'il sentait son point de vue se faire sentir, mais comme il n'y avait pas de sang sur la lame ou sur la chemise , il supposait qu'il se trompait. Puis vint une interruption et un changement.

Au risque de tout perdre, le marquis, interrompant son regard tranquille, jeta un coup d'œil par-dessus son épaule vers la voie ferrée à sa droite. Puis il se tourna vers Syme, un visage transfiguré en celui d'un démon, et commença à se battre comme avec vingt armes. L'attaque fut si rapide et si furieuse que l'épée brillante ressemblait à une pluie de flèches brillantes. Syme n'a pas eu l'occasion d' observer le chemin de fer ; mais il n'en avait pas non plus besoin. Il devinait la raison de la soudaine folie combative du marquis : le train de Paris était en vue.

Mais l'énergie morbide du marquis dépassait ses limites. À deux reprises, Syme, parant, envoya la pointe de son adversaire loin du cercle de combat ; et la troisième fois, sa *riposte* fut si rapide, qu'il n'y avait cette fois aucun doute sur le coup porté. L'épée de Syme pliait en effet sous le poids du corps du marquis qu'elle avait transpercé.

Syme était aussi certain d'avoir planté sa lame dans son ennemi qu'un jardinier qu'il avait planté sa bêche dans le sol. Pourtant, le marquis sursauta sans chanceler, et Syme resta là à regarder la pointe de son épée comme un idiot. Il n'y avait pas de sang dessus du tout.

Il y eut un instant de silence rigide, puis Syme à son tour tomba furieusement sur l'autre, rempli d'une curiosité enflammée. Le marquis était probablement, d'une manière générale, un meilleur escrimeur que lui, comme il l'avait supposé au début, mais à ce moment-là, le marquis semblait désemparé et désavantagé. Il se battait sauvagement et même faiblement, et il détournait constamment les yeux vers la voie ferrée, presque comme s'il craignait plus le train que l'acier pointu. Syme, de son côté, combattit avec acharnement mais toujours avec prudence, dans une fureur intellectuelle, désireux de résoudre l'énigme de sa propre épée exsangue. Pour cela, il visait moins le corps du marquis que sa gorge et sa tête. Une minute et demie après, il sentit sa pointe pénétrer dans le cou de l'homme, au-dessous de la mâchoire. Il est ressorti propre. A moitié fou, il poussa de nouveau et fit ce qui aurait dû être une cicatrice sanglante sur la joue du marquis. Mais il n'y avait aucune cicatrice.

Pendant un instant, le ciel de Syme devint de nouveau noir de terreurs surnaturelles. Cet homme avait sûrement une vie enchantée. Mais cette nouvelle terreur spirituelle était une chose plus horrible que ne l'avait été la simple situation spirituelle à l'envers . symbolisé par le paralytique qui le poursuivait. Le professeur n'était qu'un gobelin ; cet homme était un diable, peut-être était-il le diable ! Quoi qu'il en soit, il était certain que trois fois une épée humaine lui avait été enfoncée sans laisser de trace. Quand Syme eut cette pensée, il se redressa, et tout ce qu'il y avait de bon en lui chantait haut dans les airs comme un vent violent chante dans les arbres. Il pensait à toutes les choses humaines de son histoire – aux lanternes chinoises de Saffron Park, aux cheveux roux de la jeune fille dans le jardin, aux honnêtes marins buvant de la bière près du quai, à ses fidèles compagnons qui se tenaient là. Peut-être avait-il été choisi comme champion de toutes ces choses fraîches et bienveillantes pour croiser le fer avec l'ennemi de toute la création. « Après tout, se dit-il, je suis plus qu'un diable ; Je suis un homme. Je peux faire la seule chose que Satan lui-même ne peut pas faire : je peux mourir », et tandis que le mot lui traversait la tête, il entendit un hululement faible et lointain, qui serait bientôt le rugissement du train de Paris.

Il recommença à se battre avec une légèreté surnaturelle, comme un mahométan haletant vers le paradis. A mesure que le train approchait, il croyait apercevoir des gens dressant les arceaux fleuris de Paris ; il se joignait au bruit grandissant et à la gloire de la grande République dont il gardait la porte contre l'Enfer. Ses pensées montaient de plus en plus haut avec le rugissement montant du train, qui se terminait, comme fièrement, par un long et perçant sifflement. Le train s'est arrêté.

Soudain, au grand étonnement de tous, le marquis sauta en arrière, hors de portée de son épée, et jeta son épée. Le saut était merveilleux, et non moins merveilleux parce que Syme avait plongé son épée un instant auparavant dans la cuisse de l'homme.

"Arrêt!" » dit le marquis d'une voix qui obligeait à une obéissance momentanée. "Je veux dire quelque chose."

"Quel est le problème?" demanda le colonel Ducroix en le regardant. « Y a-t-il eu un acte criminel ? »

"Il y a eu un acte criminel quelque part", a déclaré le Dr Bull, qui était un peu pâle. "Notre directeur a blessé le marquis au moins quatre fois, et il ne s'en porte pas plus mal."

Le marquis leva la main avec un curieux air de patience épouvantable.

«S'il vous plaît, laissez-moi parler», dit-il. «C'est assez important. Monsieur Syme, poursuivit-il en se tournant vers son adversaire, nous nous battons aujourd'hui, si je me souviens bien, parce que vous avez exprimé le souhait (que je pensais irrationnel) de me tirer le nez. Voudriez-vous m'obliger en me tirant le nez maintenant le plus vite possible ? Je dois prendre un train.

« Je proteste que c'est tout à fait irrégulier, » dit le Dr Bull avec indignation.

"C'est certainement quelque peu à l'opposé du précédent", a déclaré le colonel Ducroix en regardant son directeur avec mélancolie. « Il existe, je crois, un cas connu (le capitaine Bellegarde et le baron Zumpt) dans lequel les armes ont été changées en plein combat à la demande de l'un des combattants. Mais on ne peut guère considérer son nez comme une arme.»

« Veux-tu ou non me tirer le nez ? dit le marquis exaspéré. « Venez, venez, M. Syme ! Vous vouliez le faire, faites-le ! Vous ne pouvez pas imaginer à quel point c'est important pour moi. Ne soyez pas si égoïste ! Tire-moi le nez tout de suite, quand je te le demande ! et il se pencha légèrement en avant avec un sourire fascinant. Le train parisien, haletant et gémissant, était entré dans une petite gare derrière la colline voisine .

Syme avait le sentiment qu'il avait eu plus d'une fois au cours de ces aventures : le sentiment qu'une vague horrible et sublime soulevée vers le ciel était sur le point de basculer. Marchant dans un monde qu'il comprenait à moitié, il fit deux pas en avant et saisit le nez romain de ce remarquable noble. Il l'a tiré fort et il s'est détaché de sa main.

Il resta quelques secondes debout avec une solennité stupide, la trompe de carton toujours entre les doigts, à la regarder, tandis que le soleil, les nuages et les collines boisées regardaient cette scène imbécile.

Le marquis brisa le silence d'une voix forte et joyeuse.

« Si quelqu'un a besoin de mon sourcil gauche, dit-il, il peut l'avoir. Colonel Ducroix , acceptez mon sourcil gauche ! C'est le genre de chose qui pourrait s'avérer utile n'importe quel jour », et il arracha gravement un de ses sourcils basanés d'Assyrien, entraînant ainsi la moitié de son front brun, et l'offrit poliment au colonel, qui resta cramoisi et sans voix de rage. .

« Si j'avais su, balbutia-t-il, que j'agissais pour un poltron qui se bourre pour se battre… »

"Oh, je sais, je sais!" dit le marquis en jetant imprudemment diverses parties de lui-même à droite et à gauche dans le champ. « Vous faites une erreur ; mais cela ne peut pas être expliqué pour l'instant. Je vous le dis, le train est arrivé en gare !

« Oui, » dit farouchement le Dr Bull, « et le train quittera la gare. Cela sortira sans vous. Nous savons assez bien pourquoi le diable…

Le mystérieux marquis leva les mains dans un geste désespéré. C'était un étrange épouvantail, debout au soleil, avec la moitié de son ancien visage décollé et la moitié d'un autre visage qui le regardait et souriait par en dessous.

"Voulez-vous me rendre fou?" il pleure. "Le train-"

« Vous ne prendrez pas le train », dit Syme fermement en saisissant son épée.

La silhouette sauvage se tourna vers Syme et parut se rassembler pour un effort sublime avant de parler.

« Espèce de grand gros, foutu, aux yeux larmoyants, maladroit, tonitruant, sans cervelle, abandonné par Dieu, gâteux, foutu imbécile ! dit-il sans reprendre son souffle. « Espèce de grand navet idiot au visage rose et aux cheveux blonds ! Toi-"

« Vous ne prendrez pas ce train », répéta Syme.

"Et pourquoi ces flammes infernales," rugit l'autre, "est-ce que je voudrais prendre le train ?"

"Nous savons tout", dit sévèrement le professeur. « Vous allez à Paris pour lancer une bombe ! »

"Je vais à Jéricho pour lancer un Jabberwock!" s'écria l'autre en s'arrachant les cheveux qui se détachaient facilement.

« Avez-vous tous le cerveau ramolli au point que vous ne réalisez pas ce que je suis ? Tu pensais vraiment que je voulais prendre ce train ? Une vingtaine de trains parisiens pourraient passer pour moi. Maudits trains parisiens !

"Alors qu'est-ce qui t'importait ?" commença le professeur.

« Qu'est-ce qui m'importait ? Je m'en fichais de prendre le train ; Je me souciais de savoir si le train m'attraperait, et maintenant, par Dieu ! ça m'a attrapé.

« J'ai le regret de vous informer, » dit Syme avec retenue, « que vos remarques ne m'impressionnent en rien. Peut-être que si vous retiriez les restes de votre front d'origine et une partie de ce qui était autrefois votre menton, votre signification deviendrait plus claire. La lucidité mentale se réalise de plusieurs manières. Que veux-tu dire en disant que le train t'a rattrapé ? C'est peut-être ma fantaisie littéraire, mais d'une manière ou d'une autre , j'ai l'impression que cela devrait signifier quelque chose.

« Cela signifie tout, dit l'autre, et la fin de tout. Dimanche nous tient désormais dans le creux de sa main.

"Nous!" répéta le professeur comme stupéfait. « Qu'entendez-vous par « nous » ?

« La police, bien sûr ! dit le marquis en lui arrachant le crâne et la moitié du visage.

La tête qui émergea était la tête blonde, bien brossée et aux cheveux lisses, commune dans la police anglaise, mais le visage était terriblement pâle.

« Je suis l'inspecteur Ratcliffe », dit-il avec une sorte de précipitation qui confinait à la dureté. « Mon nom est assez connu de la police, et je vois bien que vous en faites partie. Mais s'il y a le moindre doute sur ma position, j'ai une carte », et il commença à sortir une carte bleue de sa poche.

Le Professeur fit un geste fatigué.

« Oh, ne nous le montre pas, » dit-il avec lassitude ; "Nous en avons assez pour équiper un jeu de piste."

Le petit homme nommé Bull avait, comme beaucoup d'hommes qui paraissent d'une simple vulgarité vive, des mouvements brusques de bon goût. Ici, il a certainement sauvé la situation. Au milieu de cette scène de transformation stupéfiante , il s'avança avec toute la gravité et la responsabilité d'un second, et s'adressa aux deux seconds du marquis.

« Messieurs, dit-il, nous vous devons tous de sérieuses excuses ; mais je vous assure que vous n'avez pas été victime d'une plaisanterie aussi basse que vous l'imaginez, ni même de quoi que ce soit d'indigne chez un homme d' honneur . Vous n'avez pas perdu votre temps ; vous avez contribué à sauver le monde. Nous ne sommes pas des bouffons, mais des hommes très désespérés en guerre contre une vaste conspiration. Une société secrète d'anarchistes nous chasse comme des lièvres ; non pas des fous malheureux qui pourraient lancer ici ou là une bombe à cause de la famine ou de la philosophie allemande, mais une église riche, puissante et fanatique, une église du pessimisme oriental, qui considère comme sacré la destruction de l'humanité comme de la vermine. Vous pouvez comprendre à quel point ils nous poursuivent, du fait que nous sommes poussés à des déguisements comme ceux pour lesquels je m'excuse , et à des farces comme celle-ci dont vous souffrez.

Le plus jeune second du marquis, un homme de petite taille avec une moustache noire, s'inclina poliment et dit :

« Bien sûr, j'accepte les excuses ; mais vous me pardonnerez à votre tour si je refuse de vous suivre plus loin dans vos difficultés, et me permettez de vous dire bonjour ! La vue d'une connaissance et d'un concitoyen distingué s'écroulant en plein air est inhabituelle et, dans l'ensemble, suffit pour une journée. Colonel Ducroix , je n'influencerais en aucune manière vos actions, mais si vous sentez avec moi que notre société actuelle est un peu anormale, je vais maintenant rentrer en ville à pied.

Le colonel Ducroix bougea machinalement, puis tira brusquement sur sa moustache blanche et éclata :

« Non, par George ! Je ne le ferai pas. Si ces messieurs sont vraiment dans le pétrin avec un tas de démolisseurs comme celui-là, je les aiderai à s'en sortir. J'ai combattu pour la France, et c'est dur si je ne peux pas me battre pour la civilisation.»

Le Dr Bull ôta son chapeau et l'agita, applaudissant comme lors d'une réunion publique.

"Ne faites pas trop de bruit", a déclaré l'inspecteur Ratcliffe, "dimanche vous entendra peut-être."

"Dimanche!" s'écria Bull en laissant tomber son chapeau.

"Oui", rétorqua Ratcliffe, "il est peut-être avec eux."

"Avec qui?" demanda Syme.

« Avec les gens sortis de ce train », dit l'autre.

"Ce que vous dites semble complètement fou", commença Syme. « Eh bien, en fait… Mais, mon Dieu, s'écria-t-il tout à coup, comme un homme qui voit une explosion au loin, par Dieu ! si cela est vrai, nous tous, au sein du Conseil anarchiste, étions contre l'anarchie ! Tout homme né était un détective, à l'exception du président et de son secrétaire personnel. Qu'est-ce que cela peut signifier ?

"Signifier!" dit le nouveau policier avec une violence incroyable. « Cela veut dire que nous sommes frappés à mort ! Vous ne connaissez pas dimanche ? Ne savez-vous pas que ses plaisanteries sont toujours si grandes et si simples qu'on n'y a jamais pensé ? Pouvez-vous penser à quelque chose de plus semblable à dimanche que celui-ci, où il placerait tous ses puissants ennemis au Conseil suprême, puis veillerait à ce qu'il ne soit pas suprême ? Je vous le dis, il a acheté toutes les fiducies, il a capturé chaque câble, il contrôle chaque ligne de chemin de fer – et surtout *cette* ligne de chemin de fer ! » et il pointa un doigt tremblant vers la petite gare routière. « Tout le mouvement était contrôlé par lui ; la moitié du monde était prête à se lever pour lui. Mais il n'y avait peut-être que cinq personnes qui lui auraient résisté... et le vieux diable les a mis au Conseil Suprême, *pour perdre leur temps à s'observer les uns les autres*. Imbéciles que nous sommes, il a planifié toutes nos idioties ! Sunday savait que le professeur poursuivrait Syme à travers Londres et que Syme me combattrait en France. Et il combinait de grandes masses de capitaux et s'emparait de grandes lignes télégraphiques, tandis que nous, cinq idiots, courions les uns après les autres comme une bande de maudits bébés jouant aux colin- maillards .

"Bien?" » demanda Syme avec une sorte de fermeté.

«Eh bien, répondit l'autre avec une soudaine sérénité, il nous a trouvé aujourd'hui en train de jouer au colin-maillard dans un champ d'une grande beauté rustique et d'une extrême solitude. Il a probablement conquis le monde ; il ne lui reste plus qu'à capturer ce champ et tous les imbéciles qui s'y trouvent. Et puisque vous voulez vraiment savoir quelle était mon objection à l'arrivée de ce train, je vais vous le dire. Mon objection était que dimanche ou son secrétaire venait justement de s'en sortir.

Syme poussa un cri involontaire, et tous tournèrent leurs yeux vers la gare lointaine. Il est vrai qu'une masse considérable de personnes semblait se diriger dans leur direction. Mais ils étaient trop éloignés pour qu'on puisse les distinguer d'une manière ou d'une autre.

« Feu marquis de Saint-Eustache avait l'habitude, dit le nouveau policier en sortant un étui en cuir, de toujours porter une paire de jumelles de théâtre. Soit le président, soit le secrétaire s'en prennent à nous avec cette foule. Ils nous ont attrapés dans un endroit calme et agréable où nous ne sommes pas tentés de rompre nos serments en appelant la police. Docteur Bull, je soupçonne que vous verrez mieux à travers ces lunettes qu'à travers vos propres lunettes hautement décoratives.

Il remit les jumelles au Docteur, qui ôta aussitôt ses lunettes et porta l'appareil à ses yeux.

"Cela ne peut pas être aussi grave que vous le dites", dit le professeur, quelque peu ébranlé. «Ils sont certes nombreux, mais ils peuvent facilement être de simples touristes.»

"Les touristes ordinaires", a demandé Bull, les jumelles sur les yeux, "portent-ils des masques noirs jusqu'à mi-visage ?"

Syme faillit arracher les lunettes de ses mains et les regarda. La plupart des hommes dans la foule qui avançait avaient vraiment l'air assez ordinaires ; mais il était bien vrai que deux ou trois des leaders en tête portaient des demi-masques noirs presque jusqu'à la bouche. Ce déguisement est très complet, surtout à une telle distance, et Syme ne pouvait rien conclure des mâchoires et des mentons rasés de près des hommes qui parlaient devant. Mais bientôt, pendant qu'ils parlaient, ils sourirent tous et l'un d'eux sourit d'un côté.

CHAPITRE XI.
LES CRIMINELS POURSENTENT LA POLICE

Syme ôta ses jumelles de ses yeux avec un soulagement presque épouvantable.

« De toute façon, le président n'est pas avec eux », dit-il en s'essuyant le front.

"Mais ils sont sûrement à l'horizon", dit le colonel abasourdi, clignant des yeux et à moitié remis de l'explication précipitée mais polie de Bull. « Pourriez-vous connaître votre président parmi tous ces gens ?

« Pourrais-je reconnaître un éléphant blanc parmi tous ces gens ! » » répondit Syme quelque peu irrité. « Comme vous le dites très justement, ils sont à l'horizon ; mais s'il marchait avec eux... par Dieu ! Je crois que ce terrain tremblerait.

Après un instant de pause, le nouvel homme appelé Ratcliffe dit avec une sombre décision :

« Bien sûr, le président n'est pas avec eux. Je souhaite aux Gémeaux qu'il l'était. Il est bien plus probable que le président traverse Paris en triomphe ou qu'il s'assoie sur les ruines de la cathédrale Saint-Paul.»

"Ceci est absurde!" » dit Syme. « Quelque chose s'est peut-être produit en notre absence ; mais il ne peut pas avoir emporté le monde avec une telle précipitation. C'est tout à fait vrai, ajouta-t-il en fronçant les sourcils d'un air dubitatif en regardant les champs lointains qui s'étendaient vers la petite gare, il est certainement vrai qu'il semble y avoir une foule qui arrive par ici ; mais ce n'est pas toute l'armée que vous faites.

« Oh, eux », dit le nouveau détective avec mépris ; « Non, ils ne constituent pas une force très précieuse. Mais laissez-moi vous dire franchement qu'ils sont précisément calculés à notre valeur : nous ne sommes pas grand-chose, mon garçon, dans l'univers du dimanche. Il possède lui-même tous les câbles et télégraphes. Mais tuer le Conseil Suprême est pour lui une affaire triviale, comme une carte postale ; cela peut être laissé à son secrétaire particulier », et il cracha sur l'herbe.

Puis il se tourna vers les autres et dit d'un ton un peu austère :

« Il y a beaucoup à dire sur la mort ; mais si quelqu'un a une préférence pour l'autre alternative, je lui conseille vivement de me suivre.

A ces mots, il tourna son large dos et s'avança avec une énergie silencieuse vers le bois. Les autres jetèrent un coup d'œil par-dessus leurs épaules et virent que le nuage sombre d'hommes s'était détaché de la gare et se déplaçait avec une discipline mystérieuse à travers la plaine. Ils voyaient déjà, même à l'œil nu, des taches noires sur les faces antérieures, qui marquaient les masques qu'ils portaient. Ils se tournèrent et suivirent leur chef, qui avait déjà heurté le bois, et disparut parmi les arbres scintillants.

Le soleil sur l'herbe était sec et chaud. Ainsi, en plongeant dans le bois , ils éprouvaient un choc d'ombre frais, comme celui des plongeurs qui plongent dans une piscine obscure. L'intérieur du bois était plein de soleil brisé et d'ombres secouées. Ils formaient une sorte de voile frémissant, rappelant presque le vertige d'un cinématographe. Même les silhouettes solides qui marchaient avec lui, Syme, pouvaient à peine voir à cause des motifs d'ombre et de soleil qui dansaient sur eux. Désormais, la tête d'un homme était éclairée comme avec une lumière de Rembrandt, laissant tout le reste effacé ; maintenant il avait à nouveau des mains blanches, fortes et fixes, avec un visage de nègre. L'ex-marquis avait rabattu sur ses yeux le vieux chapeau de paille, et la teinte noire du bord lui coupait le visage si carrément en deux qu'il semblait porter un des demi-masques noirs de leurs poursuivants. Cette fantaisie teintait l'immense sentiment d'émerveillement de Syme. Portait-il un masque ? Est-ce que quelqu'un portait un masque ? Quelqu'un avait quelque chose ? Ce bois de sorcellerie, où les visages des hommes devenaient tour à tour noirs et blancs, où leurs figures s'enflaient d'abord dans la lumière du soleil puis se fondaient dans la nuit informe, ce simple chaos de clair-obscur (après la clarté du jour dehors), semblait à Syme un symbole parfait. du monde dans lequel il évoluait depuis trois jours, ce monde où les hommes ôtaient leur barbe, leurs lunettes et leur nez, et se transformaient en d'autres personnes. Cette confiance en soi tragique qu'il avait éprouvée lorsqu'il croyait que le marquis était un diable avait étrangement disparu maintenant qu'il savait que le marquis était un ami. Il se sentait presque enclin à se demander, après toutes ces perplexités, ce qu'était un ami et ce qu'était un ennemi. Y avait-il quelque chose qui était différent de ce qu'il semblait être ? Le marquis s'était arraché le nez et s'était révélé être un détective. Ne pourrait-il pas tout aussi bien lui enlever la tête et se transformer en hobgobelin ? Tout n'était-il pas, après tout, comme cette forêt déroutante, cette danse de l'obscurité et de la lumière ? Tout n'est qu'un aperçu, l'aperçu toujours imprévu et toujours oublié. Car Gabriel Syme avait trouvé au cœur de ce bois baigné de soleil ce que bien des peintres modernes y avaient trouvé. Il avait trouvé ce que les gens modernes appellent impressionnisme, qui est un autre nom pour ce scepticisme final qui ne peut trouver de fondement à l'univers.

Alors qu'un homme dans un mauvais rêve s'efforce de crier et de se réveiller, Syme s'efforçait dans un effort soudain de se débarrasser de sa dernière et pire de ses fantaisies. En deux enjambées impatientes, il rattrapa l'homme au chapeau de paille du marquis, celui qu'il était venu appeler Ratcliffe. D'une voix exagérément forte et joyeuse, il brisa le silence sans fond et engagea la conversation.

« Puis-je demander, » dit-il, « où diable allons-nous tous ? »

Les doutes de son âme étaient si réels qu'il fut tout à fait heureux d'entendre son compagnon parler d'une voix humaine et aisée.

« Il faut descendre par la ville de Lancy jusqu'à la mer », dit-il. "Je pense que cette partie du pays est la moins susceptible d'être avec eux."

« Que veux-tu dire par tout cela ? s'écria Syme. « Ils ne peuvent pas gérer le monde réel de cette façon. Il est certain que peu de travailleurs sont anarchistes, et s'ils l'étaient, de simples foules ne pourraient pas vaincre les armées et la police modernes. »

« De simples foules ! » répéta son nouvel ami avec un reniflement de mépris. « Alors vous parlez des foules et des classes populaires comme si c'était là la question. Vous avez cette éternelle idée idiote que si l'anarchie arrivait, elle viendrait des pauvres. Pourquoi le devrait-il ? Les pauvres ont été des rebelles, mais ils n'ont jamais été des anarchistes ; ils ont plus intérêt que quiconque à ce qu'il y ait un gouvernement décent. Le pauvre a réellement un intérêt dans le pays. Ce n'est pas le cas de l'homme riche ; il peut partir en Nouvelle-Guinée sur un yacht. Les pauvres ont parfois objecté à être mal gouvernés ; les riches se sont toujours opposés à l'idée d'être gouvernés. Les aristocrates ont toujours été anarchistes, comme le montrent les guerres des barons.»

« Comme conférence sur l'histoire anglaise pour les plus petits », dit Syme, « tout cela est très agréable ; mais je n'en ai pas encore saisi l'application.

« Son application, dit son informateur, c'est que la plupart des bras droits du vieux Sunday sont des millionnaires sud-africains et américains. C'est pourquoi il s'est emparé de toutes les communications ; et c'est pour cela que les quatre derniers champions de la police anti-anarchiste courent comme des lapins dans un bois.»

« Les millionnaires, je peux le comprendre, » dit Syme pensivement, « ils sont presque tous fous. Mais mettre la main sur quelques vieux messieurs méchants ayant des passe-temps est une chose ; s'emparer de grandes nations chrétiennes en est une autre. Je parierais haut (pardonnez l'allusion) que dimanche resterait parfaitement impuissant devant la tâche de convertir n'importe quelle personne ordinaire en bonne santé, où que ce soit.

"Eh bien," dit l'autre, "ça dépend plutôt de quel genre de personne tu parles."

"Eh bien, par exemple", a déclaré Syme, "il n'a jamais pu convertir cette personne", et il a pointé droit devant lui.

Ils étaient arrivés à un espace ouvert de soleil, qui semblait exprimer à Syme le retour final de son bon sens ; et au milieu de cette clairière se trouvait un personnage qui pourrait bien représenter ce bon sens dans une réalité presque horrible. Brûlé par le soleil et taché de sueur, et grave de la gravité sans fond des petits travaux nécessaires, un lourd paysan français coupait du bois avec une hache. Sa charrette se tenait à quelques mètres, déjà à moitié pleine de bois ; et le cheval qui coupait l'herbe était, comme son maître, valeureux mais pas désespéré ; comme son maître, il était même prospère, mais presque triste. L'homme était un Normand, plus grand que la moyenne des Français et très anguleux ; et sa silhouette basanée se détachait sombre sur un carré de soleil, presque comme une figure allégorique du travail peinte à fresque sur un fond d'or.

"M. Syme dit, cria Ratcliffe au colonel français, que cet homme, au moins, ne sera jamais anarchiste.

"M. Syme a raison ici, répondit en riant le colonel Ducroix , ne serait-ce que parce qu'il a beaucoup de propriétés à défendre. Mais j'oubliais que dans votre pays vous n'êtes pas habitué à ce que les paysans soient riches.»

"Il a l'air pauvre", dit le Dr Bull dubitatif.

« Tout à fait », dit le colonel ; "C'est pourquoi il est riche."

« J'ai une idée », s'écria soudain le Dr Bull ; « Combien lui faudrait-il pour nous emmener dans son chariot ? Ces chiens sont tous à pied et nous pourrions bientôt les abandonner.

"Oh, donne-lui n'importe quoi!" » dit Syme avec empressement. "J'ai des tas d'argent sur moi."

« Cela ne suffira jamais », dit le colonel ; "Il n'aura jamais aucun respect pour vous à moins que vous ne concluiez une bonne affaire."

"Oh, s'il marchande!" » commença Bull avec impatience.

« Il marchande parce qu'il est un homme libre », dit l'autre. "Tu ne comprends pas; il ne verrait pas le sens de la générosité. Il ne reçoit pas de pourboire.

Et même s'ils semblaient entendre derrière eux les pas lourds de leurs étranges poursuivants, ils durent se lever et trépigner pendant que le colonel français parlait au bûcheron français avec tous les badinages et querelles tranquilles d'un jour de marché. Mais au bout de quatre minutes, ils virent que le colonel avait raison, car le bûcheron entra dans leurs projets, non avec la vague servilité d'un rabatteur trop bien payé, mais avec le sérieux d'un notaire qui avait été payé les frais appropriés. Il leur dit que la meilleure chose à faire était de descendre jusqu'à la petite auberge sur les hauteurs de Lancy , où l'aubergiste, un vieux soldat devenu *dévot* dans ses dernières années, serait certain de sympathiser avec eux, et même prendre des risques dans leur soutien. Toute la compagnie s'entassa donc sur les tas de bois et se balança dans la charrette grossière vers l'autre côté, le plus escarpé de la forêt. Si lourd et délabré que soit le véhicule, il roulait assez vite, et ils eurent bientôt l'impression jubilatoire d'éloigner complètement ceux, quels qu'ils fussent, qui les poursuivaient. Car, après tout, l'énigme de savoir d'où les anarchistes avaient pu trouver tous ces adeptes n'était toujours pas résolue. La présence d'un seul homme leur avait suffi ; ils s'étaient enfuis à la première vue du sourire déformé du secrétaire. Syme regardait de temps en temps par-dessus son épaule l'armée en route.

À mesure que le bois devenait d'abord plus mince, puis plus petit avec la distance, il pouvait voir les pentes ensoleillées au-delà et au-dessus d'elle ; et à travers eux se déplaçait toujours la foule carrée et noire comme un monstrueux scarabée. Sous la très forte lumière du soleil et avec ses propres yeux très puissants, presque télescopiques, Syme pouvait voir très clairement cette masse d'hommes. Il pouvait les voir comme des figures humaines distinctes ; mais il était de plus en plus surpris par la façon dont ils se déplaçaient comme un seul homme. Ils semblaient vêtus de vêtements sombres et de chapeaux simples, comme n'importe quelle foule ordinaire dans les rues ; mais ils ne se sont pas étendus, ne se sont pas étendus et n'ont pas suivi diverses lignes pour attaquer, comme cela serait naturel dans une foule ordinaire. Ils se déplaçaient avec une sorte de boisé effrayant et méchant, comme une armée d'automates regardant fixement.

Syme l'a fait remarquer à Ratcliffe.

« Oui, répondit le policier, c'est ça la discipline. C'est dimanche. Il est peut-être à cinq cents milles de là, mais la crainte de lui est sur eux tous, comme le doigt de Dieu. Oui, ils marchent régulièrement ; et vous pariez vos bottes qu'ils parlent régulièrement, oui, et réfléchissent régulièrement. Mais ce qui est important pour nous, c'est qu'ils disparaissent régulièrement.»

Syme hocha la tête. Il est vrai que la tache noire des poursuivants diminuait de plus en plus à mesure que le paysan faisait travailler son cheval.

Le niveau du paysage ensoleillé, bien que plat dans son ensemble, s'abaissait de l'autre côté du bois en vagues de forte pente vers la mer, d'une manière qui n'est pas sans rappeler les pentes inférieures des collines du Sussex. La seule différence était que dans le Sussex, la route aurait été accidentée et anguleuse comme un petit ruisseau, mais ici, la route blanche française tombait à pic devant eux comme une cascade. Dans cette descente directe, la charrette claquait sous un angle considérable, et en quelques minutes, la route devenant encore plus raide, ils aperçurent au-dessous d'eux le petit port de Lancy et un grand arc bleu de la mer. La nuée voyageuse de leurs ennemis avait entièrement disparu de l'horizon.

Le cheval et la charrette tournèrent brusquement autour d'un bosquet d'ormes, et le nez du cheval faillit heurter le visage d'un vieux monsieur assis sur les bancs devant le petit café du Soleil d'Or. Le paysan grogna des excuses et descendit de son siège. Les autres descendirent aussi un à un et parlèrent au vieux monsieur avec des phrases de courtoisie fragmentaires, car il était évident, à son air expansif, qu'il était le propriétaire de la petite taverne.

C'était un vieux garçon aux cheveux blancs, au visage pomme, aux yeux endormis et à la moustache grise ; gros, sédentaire et très innocent, d'un type qu'on retrouve souvent en France, mais qui est encore plus commun dans l'Allemagne catholique. Tout en lui, sa pipe, son pot de bière, ses fleurs et sa ruche, suggéraient une paix ancestrale ; Ce n'est que lorsque ses visiteurs levèrent les yeux en entrant dans l'auberge qu'ils virent l'épée accrochée au mur.

Le colonel, qui salua l'aubergiste comme un vieil ami, entra rapidement dans le salon de l'auberge et s'assit pour commander un rafraîchissement rituel. La décision militaire de son action intéressa Syme, qui était assis à côté de lui, et il en profita lorsque le vieil aubergiste ne voulut plus satisfaire sa curiosité.

« Puis-je vous demander, colonel, dit-il à voix basse, pourquoi nous sommes venus ici ?

Le colonel Ducroix souriait derrière sa moustache blanche et hérissée.

« Pour deux raisons, monsieur, dit-il ; « et je donnerai en premier, non pas le plus important, mais le plus utilitaire. Nous sommes venus ici parce que c'est le seul endroit dans un rayon de vingt milles où nous pouvons trouver des chevaux.

"Les chevaux!" répéta Syme en levant rapidement les yeux.

«Oui», répondit l'autre; « Si vous voulez vraiment éloigner vos ennemis, ce sont des chevaux ou rien pour vous, à moins bien sûr que vous n'ayez des bicyclettes et des automobiles dans votre poche. »

– Et où nous conseillez-vous d'aller ? » demanda Syme, dubitatif.

« Sans aucun doute, répondit le colonel, vous feriez mieux de vous rendre en toute hâte au commissariat de police situé au-delà de la ville. Mon ami, que j'ai secondé dans des circonstances un peu trompeuses, me paraît exagérer beaucoup les possibilités d'un soulèvement général ; mais même lui aurait du mal à soutenir, je suppose, que vous n'étiez pas en sécurité avec les gendarmes.

Syme hocha gravement la tête ; puis il dit brusquement :

« Et votre autre raison de venir ici ?

— Mon autre raison de venir ici, dit sobrement Ducroix , c'est qu'il est tout aussi bien de voir un ou deux bons hommes quand on est peut-être à l'article de la mort.

Syme leva les yeux vers le mur et vit une image religieuse pathétique et grossièrement peinte. Il a ensuite dit-

" Vous avez raison ", puis presque immédiatement après : " Quelqu'un a-t-il vu les chevaux ? "

« Oui, répondit Ducroix , vous pouvez être sûr que j'ai donné des ordres dès mon arrivée. Vos ennemis ne donnaient aucune impression de précipitation, mais ils allaient vraiment à merveille, comme une armée bien entraînée. Je ne pensais pas que les anarchistes avaient autant de discipline. Vous n'avez pas un instant à perdre.

Presque au moment où il parlait, le vieil aubergiste aux yeux bleus et aux cheveux blancs entra d'un pas tranquille dans la pièce et annonça que six chevaux étaient sellés dehors.

Sur les conseils de Ducroix, les cinq autres s'équipèrent d'une forme portable de nourriture et de vin, et gardant leurs épées de duel comme seules armes disponibles, ils s'enfuirent sur la route blanche et escarpée. Les deux domestiques, qui avaient porté les bagages du marquis lorsqu'il était marquis, furent laissés boire au café d'un commun accord, et nullement contre leur propre inclination.

À ce moment-là, le soleil de l'après-midi s'inclinait vers l'ouest et, à ses rayons, Syme pouvait voir la silhouette robuste du vieil aubergiste de plus en plus petite, mais toujours debout et les surveillant en silence, le soleil dans ses cheveux argentés. Syme avait une idée fixe et superstitieuse, laissée dans son esprit par la phrase fortuite du colonel, que c'était en effet peut-être le dernier honnête étranger qu'il verrait jamais sur la terre.

Il regardait toujours cette silhouette décroissante, qui se dressait comme une simple tache grise touchée d'une flamme blanche contre le grand mur vert de la pente derrière lui. Et alors qu'il regardait par-dessus le toit derrière l'aubergiste, apparut une armée d'hommes vêtus de noir et en marche. Ils semblaient suspendus au-dessus du brave homme et de sa maison comme un nuage noir de sauterelles. Les chevaux n'avaient pas été sellés trop tôt.

CHAPITRE XII.
LA TERRE EN ANARCHIE

Poussant les chevaux au galop, sans égard à la descente un peu accidentée de la route, les cavaliers reprirent bientôt leur avantage sur les hommes en marche, et enfin le gros des premiers bâtiments de Lancy coupa la vue de leurs poursuivants. Néanmoins, le trajet avait été long, et au moment où ils atteignirent la vraie ville, l'ouest se réchauffait avec la couleur et la qualité du coucher de soleil. Le colonel suggéra qu'avant de se diriger définitivement vers le commissariat, ils feraient l'effort, en passant, de s'attacher encore un individu qui pourrait leur être utile.

« Quatre des cinq hommes riches de cette ville, dit-il, sont de simples escrocs. Je suppose que la proportion est à peu près égale partout dans le monde. Le cinquième est un de mes amis et un très brave garçon ; et ce qui est encore plus important à notre point de vue, il possède une automobile.

"Je crains", dit le professeur avec sa manière joyeuse, en regardant en arrière le long de la route blanche sur laquelle la tache noire et rampante pourrait apparaître à tout moment, "je crains que nous ayons à peine le temps pour les appels de l'après-midi."

— La maison du docteur Renard n'est qu'à trois minutes, dit le colonel.

"Notre danger", a déclaré le Dr Bull, "n'est pas à deux minutes."

"Oui", dit Syme, "si nous roulons vite , nous devons les laisser derrière nous, car ils sont à pied."

« Il a une automobile, dit le colonel.

"Mais nous ne l'obtiendrons peut-être pas", a déclaré Bull.

"Oui, il est tout à fait de votre côté."

"Mais il pourrait être absent."

« Taisez-vous », dit soudain Syme. "Quel est ce bruit?"

Pendant une seconde, ils restèrent tous immobiles comme des statues équestres, et pendant une seconde – pendant deux, trois ou quatre secondes – le ciel et la terre parurent également immobiles. Alors toutes leurs oreilles, en angoisse d'attention, entendirent, le long de la route, ce frémissement et ce battement indescriptible qui ne signifient qu'une chose : les chevaux !

Le visage du colonel changea instantanément, comme si la foudre l'avait frappé, et pourtant il le laissait indemne.

« Ils nous ont tués », a-t-il déclaré avec une brève ironie militaire. « Préparez-vous à recevoir de la cavalerie ! »

« Où peuvent-ils trouver les chevaux ? » demanda Syme en poussant machinalement son cheval au galop.

Le colonel resta silencieux un moment, puis il dit d'une voix tendue :

"Je parlais avec la plus grande exactitude lorsque je disais que le Soleil d'Or était le seul endroit où l'on puisse trouver des chevaux dans un rayon de vingt milles."

"Non!" » dit violemment Syme. « Je ne crois pas qu'il le ferait. Pas avec tous ces cheveux blancs.

« Il a peut-être été forcé », dit doucement le colonel. "Ils doivent être au moins une centaine, c'est pourquoi nous allons tous voir mon ami Renard, qui a une automobile."

A ces mots, il fit brusquement tourner son cheval au coin d'une rue, et descendit la rue avec une telle rapidité que les autres, bien que déjà bien au galop, eurent peine à suivre la queue volante de son cheval.

Le Dr Renard habitait une maison haute et confortable au sommet d'une rue escarpée, de sorte que lorsque les cavaliers descendaient à sa porte, ils pouvaient encore une fois voir la solide crête verte de la colline, avec la route blanche qui la traversait, se dressant au-dessus de tout. les toits de la ville. Ils respirèrent de nouveau pour constater que la route était encore libre et ils sonnèrent.

Le docteur Renard était un homme rayonnant, à la barbe brune, un bon exemple de cette classe professionnelle silencieuse mais très occupée que la France a mieux encore préservée que l'Angleterre. Quand on lui expliqua l'affaire, il fit complètement caca sur la panique de l'ex-marquis ; il a dit, avec le solide scepticisme français , qu'il n'y avait aucune probabilité concevable d'un soulèvement anarchiste général. « L'anarchie, dit-il en haussant les épaules, c'est de l'enfantillage !

« *Et ça* », s'écria soudain le colonel en désignant l'épaule de l'autre, « et c'est de la puérilité, n'est-ce pas ?

Ils regardèrent tous autour d'eux et virent un groupe de cavalerie noire venir balayer le sommet de la colline avec toute l'énergie d'Attila. Cependant, tandis qu'ils avançaient rapidement, l'ensemble du rang restait bien soudé, et ils pouvaient voir les vizards noirs de la première ligne aussi alignés qu'une ligne d'uniformes. Mais même si le carré noir principal était le même, même s'il voyageait plus vite, il y avait maintenant une différence sensationnelle qu'ils pouvaient voir clairement sur la pente de la colline, comme sur une carte inclinée. La majeure partie des cavaliers étaient regroupés dans un seul bloc ; mais un cavalier volait loin devant la colonne et, avec des mouvements frénétiques de la main et du talon, poussait son cheval de plus en plus vite, de sorte qu'on aurait pu croire qu'il n'était pas le poursuivant mais le poursuivi. Mais même à cette grande distance, ils pouvaient voir quelque chose de si fanatique, de si incontestable dans sa silhouette, qu'ils savaient que c'était le secrétaire lui-même. « Je suis désolé de couper court à une discussion cultivée, dit le colonel, mais pouvez-vous me prêter votre automobile maintenant, dans deux minutes ?

« Je soupçonne que vous êtes tous fous », dit le docteur Renard en souriant amicalement ; mais à Dieu ne plaise que la folie interrompe de quelque manière que ce soit l'amitié. Allons au garage.

Le docteur Renard était un homme doux, doté d'une richesse monstrueuse ; ses appartements ressemblaient au musée de Cluny et il possédait trois automobiles. Il semblait cependant les utiliser avec parcimonie, ayant les goûts simples de la bourgeoisie française, et lorsque ses amis impatients venaient les examiner, il leur fallait un certain temps pour s'assurer que l'un d'eux pouvait même fonctionner. C'est avec quelque difficulté qu'ils l'amenèrent dans la rue devant la maison du Docteur. Lorsqu'ils sortirent du garage sombre , ils furent surpris de constater que le crépuscule était déjà tombé avec la brusquerie de la nuit sous les tropiques. Soit ils étaient restés sur place plus longtemps qu'ils ne l'avaient imaginé, soit une étrange canopée de nuages s'était formée au-dessus de la ville. Ils regardèrent les rues escarpées et semblèrent voir une légère brume monter de la mer.

«C'est maintenant ou jamais», a déclaré le Dr Bull. "J'entends des chevaux."

"Non", corrigea le professeur, "un cheval".

Et tandis qu'ils écoutaient, il était évident que le bruit, qui se rapprochait rapidement sur les pierres crépitantes, n'était pas le bruit de toute la cavalcade mais celui du seul cavalier qui l'avait laissé loin derrière, le secrétaire fou.

La famille de Syme, comme la plupart de ceux qui finissent dans une vie simple, avait autrefois possédé un moteur, et il savait tout sur eux. Il avait immédiatement sauté sur le siège du chauffeur et, le visage rouge, il tirait et tirait sur les machines désaffectées. Il concentra ses forces sur une seule poignée, puis dit tout bas :

"J'ai bien peur que ce ne soit pas possible."

Pendant qu'il parlait, un homme se dirigea vers le coin, rigide sur son cheval précipité, avec la précipitation et la rigidité d'une flèche. Il avait un sourire qui lui faisait ressortir le menton comme s'il était disloqué. Il s'approcha de la voiture à l'arrêt, dans laquelle son groupe s'était entassé, et posa la main sur l'avant. C'était le secrétaire, et sa bouche était toute droite dans la solennité du triomphe.

Syme s'appuyait fortement sur le volant, et il n'y avait aucun bruit autre que le grondement des autres poursuivants qui entraient dans la ville. Puis, tout à coup, un cri de fer raclant retentit et la voiture bondit en avant. Il a arraché le secrétaire de sa selle, comme un couteau est sorti de son fourreau, l'a suivi en donnant des coups de pied terribles sur vingt mètres et l'a laissé jeté à plat sur la route loin devant son cheval effrayé. Alors que la voiture prenait le coin de la rue avec un virage splendide, ils pouvaient à peine voir les autres anarchistes remplir la rue et relever leur leader déchu.

"Je ne comprends pas pourquoi il fait si sombre", dit enfin le professeur à voix basse.

"Ça va être une tempête, je pense", a déclaré le Dr Bull. "Je dis, c'est dommage que nous n'ayons pas de lumière sur cette voiture, ne serait-ce que pour voir à travers."

"Nous l'avons fait", a déclaré le colonel, et du plancher de la voiture, il a repêché une lourde lanterne en fer sculpté à l'ancienne avec une lumière à l'intérieur. Il s'agissait manifestement d'une antiquité, et il semblerait que son usage initial ait été d'une certaine manière semi-religieux, car il y avait une grossière croix moulée sur l'un de ses côtés.

"Où diable as-tu eu ça?" demanda le professeur.

«Je l'ai eu là où j'ai eu la voiture», répondit le colonel en riant, «de mon meilleur ami. Pendant que notre ami ici présent se battait avec le volant, j'ai grimpé les marches de la maison en courant et j'ai parlé à Renard, qui se tenait sous son propre porche, vous vous en souviendrez. « Je suppose, dis-je, que nous n'avons pas le temps de nous procurer une lampe. Il leva les yeux, clignant amicalement des yeux vers le magnifique plafond voûté de son propre hall d'entrée. A là était suspendue, par des chaînes de ferronnerie exquise, cette lanterne, l'un des cent trésors de son trésor. A force de force, il arracha la lampe de son propre plafond, brisant les panneaux peints et faisant tomber avec sa violence deux vases bleus. Puis il m'a tendu la lanterne en fer et je l'ai mise dans la voiture. N'avais-je pas raison de dire que le Dr Renard valait la peine d'être connu ?

"Vous l'étiez", dit Syme sérieusement, et il accrocha la lourde lanterne sur le devant. Il y avait une certaine allégorie de toute leur situation dans le contraste entre l'automobile moderne et son étrange lampe ecclésiastique. Jusqu'alors, ils avaient traversé la partie la plus tranquille de la ville, rencontrant tout au plus un ou deux piétons, qui ne pouvaient leur donner aucune idée de la paix ou de l'hostilité des lieux. Maintenant, cependant, les fenêtres des maisons ont commencé à s'éclairer une à une, donnant un plus grand sentiment d'habitation et d'humanité. Le Dr Bull se tourna vers le nouveau détective qui avait dirigé leur fuite et s'autorisa un de ses sourires naturels et amicaux.

"Ces lumières nous rendent plus joyeux."

L'inspecteur Ratcliffe fronça les sourcils.

« Il n'y a qu'un seul ensemble de lumières qui me rend plus joyeux », a-t-il déclaré, « et ce sont ces lumières du commissariat de police que je peux voir au-delà de la ville. S'il vous plaît, mon Dieu, nous serons peut-être là dans dix minutes.

C'est alors que tout le bon sens et l'optimisme bouillonnant de Bull s'évanouirent brusquement.

"Oh, tout cela n'a aucun sens!" il pleure. « Si vous pensez vraiment que les gens ordinaires dans les maisons ordinaires sont des anarchistes, vous devez être vous-même plus fou qu'un anarchiste. Si nous nous retournions et combattions ces gars, la ville entière se battrait pour nous.

« Non, dit l'autre avec une simplicité inébranlable, toute la ville se battrait pour eux. Nous verrons."

Pendant qu'ils parlaient, le professeur s'était penché en avant avec une excitation soudaine.

"Quel est ce bruit?" il a dit.

"Oh, les chevaux derrière nous, je suppose", dit le colonel. "Je pensais que nous nous en étions débarrassés."

« Les chevaux derrière nous ! Non, dit le professeur, ce ne sont pas des chevaux, et ce n'est pas derrière nous.

Presque au moment où il parlait, au bout de la rue, devant eux, deux formes brillantes et bruyantes passèrent. Ils disparurent presque en un éclair, mais tout le monde put voir que c'étaient des automobiles, et le Professeur se leva, le visage pâle, et jura que c'étaient les deux autres automobiles du garage du Dr Renard.

« Je vous dis qu'ils étaient à lui, répéta-t-il avec des yeux hagards, et qu'ils étaient pleins d'hommes masqués !

"Absurde!" dit le colonel avec colère. « Dr. Renard ne leur donnerait jamais ses voitures.

« Il a peut-être été forcé », dit doucement Ratcliffe. "La ville entière est de leur côté."

« Vous le croyez toujours », demanda le colonel, incrédule.

« Vous le croirez tous bientôt », dit l'autre avec un calme désespéré.

Il y eut une pause perplexe pendant un petit moment, puis le colonel reprit brusquement :

« Non, je n'arrive pas à y croire. C'est absurde. Les gens ordinaires d'une paisible ville française…

Il fut interrompu par une détonation et un éclat de lumière qui semblait proche de ses yeux. Alors que la voiture fonçait dessus, il laissait derrière elle une traînée de fumée blanche flottante, et Syme avait entendu un coup de feu hurler à son oreille.

"Mon Dieu!" dit le colonel, quelqu'un nous a tiré dessus.

"Cela n'a pas besoin d'interrompre la conversation", a déclaré le sombre Ratcliffe. « Je vous prie de reprendre vos remarques, Colonel. Vous parliez, je pense, des gens ordinaires d'une paisible ville française.

Le colonel qui le regardait ne pensait plus à la satire depuis longtemps. Il roulait des yeux tout autour de la rue.

"C'est extraordinaire", a-t-il dit, "très extraordinaire".

«Une personne exigeante», a déclaré Syme, «pourrait même qualifier cela de désagréable. Cependant, je suppose que ces lumières dans le champ au-delà de cette rue sont celles de la Gendarmerie. Nous y arriverons bientôt.

"Non", a déclaré l'inspecteur Ratcliffe, "nous n'y arriverons jamais."

Il s'était levé et regardait fixement devant lui. Maintenant, il s'assit et lissa ses cheveux lisses d'un geste las.

"Que veux-tu dire?" » demanda brusquement Bull.

« Je veux dire que nous n'y arriverons jamais », dit placidement le pessimiste. « Ils ont déjà deux rangées d'hommes armés de l'autre côté de la route ; Je peux les voir d'ici. La ville est en armes, comme je l'ai dit. Je ne peux que me vautrer dans le confort exquis de ma propre exactitude.

Et Ratcliffe s'assit confortablement dans la voiture et alluma une cigarette, mais les autres se levèrent avec enthousiasme et regardèrent la route. Syme avait ralenti la voiture alors que leurs plans devenaient douteux, et il l'a finalement arrêtée juste au coin d'une rue latérale qui descendait très abruptement vers la mer.

La ville était en grande partie plongée dans l'ombre, mais le soleil ne s'était pas couché ; Partout où sa lumière uniforme pouvait percer, il peignait tout d'un or brûlant. Dans cette petite rue, la dernière lumière du coucher du soleil brillait aussi nette et étroite que le rayon de lumière artificielle du théâtre. Il heurta la voiture des cinq amis et l'enflamma comme un char en feu. Mais le reste de la rue, surtout ses deux extrémités, était dans le crépuscule le plus profond, et pendant quelques secondes ils ne purent rien voir. Alors Syme, dont les yeux étaient les plus perçants, poussa un petit sifflement amer et dit :

«C'est tout à fait vrai. Il y a une foule, une armée ou quelque chose du genre au bout de cette rue.

— Eh bien, s'il y en a, dit Bull avec impatience, ce doit être autre chose : une fausse bagarre ou l'anniversaire du maire ou quelque chose du genre. Je ne peux pas croire et je ne veux pas croire que des gens simples et joyeux dans un endroit comme celui-ci se promènent avec de la dynamite dans les poches. Allez un peu, Syme, et regardons-les.

La voiture a rampé une centaine de mètres plus loin, puis ils ont tous été surpris par le Dr Bull éclatant de rire.

"Eh bien, espèce d'idiots !" s'écria-t-il, qu'est-ce que je t'ai dit. Cette foule est aussi respectueuse des lois qu'une vache, et si ce n'était pas le cas, elle est de notre côté.

"Comment savez-vous?" » demanda le professeur en le regardant.

« Espèce de chauve-souris aveugle, s'écria Bull, ne vois-tu pas qui les mène ?

Ils regardèrent de nouveau, puis le colonel, avec une voix voilée, s'écria :

"Eh bien, c'est Renard !"

Il y avait en effet une rangée de silhouettes sombres qui traversaient la route, et on ne pouvait pas les voir clairement ; mais assez loin devant pour saisir l'accident de la lumière du soir se promenait de long en large l'incontournable docteur Renard, coiffé d'un chapeau blanc, caressant sa longue barbe brune et tenant un revolver dans sa main gauche.

"Quel imbécile j'ai été!" s'écria le colonel. "Bien sûr, le cher vieux garçon est venu nous aider."

Le Dr Bull éclatait de rire, balançant l'épée dans sa main avec la même insouciance qu'une canne. Il sauta hors de la voiture et traversa l'espace en courant en criant :

« Dr. Renard ! Docteur Renard !

Un instant après, Syme crut que ses propres yeux étaient devenus fous. Car le philanthrope, le Dr Renard avait délibérément levé son revolver et tiré deux fois sur Bull, de sorte que les coups de feu retentissaient sur la route.

Presque à la même seconde où la bouffée de nuage blanc s'élevait de cette atroce explosion, une longue bouffée de nuage blanc s'élevait également de la cigarette du cynique Ratcliffe. Comme tout le monde, il pâlit un peu, mais il sourit. Le Dr Bull, sur qui les balles avaient été tirées, manquait de peu son cuir chevelu, resta immobile au milieu de la route sans aucun signe de peur, puis se tourna très lentement et rampa jusqu'à la voiture et y grimpa avec deux trous. à travers son chapeau.

"Eh bien," dit lentement le fumeur de cigarettes, "qu'en penses-tu maintenant ?"

« Je pense, » dit le Dr Bull avec précision, « que je suis couché dans mon lit au n° 217 des bâtiments Peabody, et que je vais bientôt me réveiller en sursaut ; ou, si ce n'est pas le cas, je pense que je suis assis dans une petite cellule rembourrée à Hanwell et que le médecin ne peut pas faire grand cas de mon cas. Mais si vous voulez savoir ce que je ne pense pas, je vous le dirai. Je ne pense pas ce que tu penses. Je ne pense pas, et je ne penserai jamais, que la masse des hommes ordinaires soit une bande de sales penseurs modernes. Non, monsieur, je suis démocrate, et je ne crois toujours pas que dimanche puisse convertir un terrassier ou un contre-sauteur moyen. Non, je suis peut-être fou, mais l'humanité ne l'est pas.

Syme tourna ses yeux bleu vif vers Bull avec un sérieux qu'il n'avait pas l'habitude de montrer clairement.

« Vous êtes un très bon garçon, dit-il. « Vous pouvez croire en une santé mentale qui n'est pas simplement votre santé mentale. Et vous avez raison sur l'humanité, sur les paysans et les gens comme ce joyeux vieux aubergiste. Mais tu n'as pas raison à propos de Renard. Je l'ai soupçonné dès le début. Il est rationaliste et, pire encore, il est riche. Lorsque le devoir et la religion seront réellement détruits, ce sera par les riches. »

"Ils sont vraiment détruits maintenant", a déclaré l'homme à la cigarette en se levant, les mains dans les poches. « Les diables arrivent ! »

Les hommes de l'automobile regardaient avec inquiétude dans la direction de son regard rêveur, et ils virent que tout le régiment au bout de la route s'avançait sur eux, le docteur Renard marchant furieusement devant, sa barbe flottant au vent.

Le colonel sauta de la voiture avec une exclamation intolérante.

« Messieurs, s'écria-t-il, la chose est incroyable. Ce doit être une plaisanterie. Si vous connaissiez Renard comme moi, c'est comme traiter la reine Victoria de dynamiteur. Si vous aviez compris le caractère de cet homme… »

« Dr. Bull, dit Syme sardoniquement, l'a au moins mis dans son chapeau.

"Je vous dis que ce n'est pas possible!" s'écria le colonel en frappant du pied.

« Renard s'en expliquera. Il me l'expliquera, » et il s'avança à grands pas.

« Ne soyez pas si pressé », dit le fumeur d'une voix traînante. "Il nous l'expliquera très bientôt à tous."

Mais le colonel impatient était déjà hors de portée de voix, avançant vers l'ennemi qui avançait. Le docteur Renard, excité, leva de nouveau son pistolet, mais, apercevant son adversaire, hésita, et le colonel se trouva face à face avec des gestes frénétiques de remontrance.

"Ce n'est pas bon", a déclaré Syme. « Il ne tirera jamais rien de ce vieux païen. Je vote pour que nous traversions le feu au milieu d'eux, alors que les balles traversaient le chapeau de Bull. Nous pouvons tous être tués, mais nous devons en tuer un bon nombre.

«Je ne l' accepterai pas », dit le docteur Bull, devenant plus vulgaire dans la sincérité de sa vertu. « Les pauvres gars font peut-être une erreur. Donnez une chance au colonel.

« On y retourne, alors ? » demanda le professeur.

"Non", dit Ratcliffe d'une voix froide, "la rue derrière nous est également tenue. En fait, il me semble y voir un autre de vos amis, Syme.

Syme se retourna vivement et regarda en arrière la piste qu'ils avaient parcourue. Il vit un corps irrégulier de cavaliers se rassembler et galoper vers eux dans l'obscurité. Il aperçut au-dessus de la première selle l'éclat argenté d'une épée, puis, à mesure qu'elle se rapprochait, l'éclat argenté des cheveux d'un vieil homme. L'instant d'après, avec une violence bouleversante, il avait fait pivoter le moteur et l'avait envoyé dévaler la rue escarpée jusqu'à la mer, comme un homme qui ne désirait que mourir.

"Qu'est-ce qui se passe?" s'écria le professeur en lui saisissant le bras.

"L'étoile du matin est tombée !" dit Syme, alors que sa propre voiture s'enfonçait dans l'obscurité comme une étoile filante.

Les autres ne comprirent pas ses paroles, mais quand ils regardèrent la rue au-dessus , ils virent la cavalerie hostile contourner le coin et descendre les pentes après eux ; et surtout le bon aubergiste, rouge de l'innocence ardente de la lumière du soir.

« Le monde est fou ! » dit le professeur en enfouissant son visage dans ses mains.

"Non", dit le Dr Bull avec une humilité catégorique, "c'est moi."

"Qu'allons nous faire?" demanda le professeur.

"En ce moment", a déclaré Syme avec un détachement scientifique, "je pense que nous allons écraser un lampadaire."

L'instant suivant, l'automobile était venue avec un choc catastrophique contre un objet en fer. L'instant d'après , quatre hommes étaient sortis en rampant d'un chaos de métal, et un grand lampadaire maigre qui s'était dressé tout droit au bord de la parade marine se détachait, courbé et tordu, comme la branche d'un arbre cassé.

"Eh bien, nous avons cassé quelque chose", dit le professeur avec un léger sourire. "C'est un peu de réconfort."

« Vous devenez anarchiste », dit Syme en époussetant ses vêtements avec son instinct de délicatesse.

"Tout le monde l'est", a déclaré Ratcliffe.

Pendant qu'ils parlaient, le cavalier aux cheveux blancs et ses partisans arrivèrent en trombe d'en haut, et presque au même instant, une file sombre d'hommes courut en criant le long du front de mer. Syme saisit une épée et la prit entre ses dents ; il en coinça deux autres sous ses aisselles, en prit un quatrième dans sa main gauche et la lanterne dans sa droite, et sauta du haut cortège sur la plage en contrebas.

Les autres bondirent après lui, acceptant tous cette action décisive, laissant les débris et la foule rassemblée au-dessus d'eux.

"Nous avons encore une chance", a déclaré Syme en retirant l'acier de sa bouche. « Quoi que signifie tout ce chaos, je suppose que le commissariat de police nous aidera. Nous ne pouvons pas y arriver, car ils tiennent le chemin. Mais il y a juste ici une jetée ou un brise-lames qui se jette dans la mer, que nous pourrions défendre plus longtemps que toute autre chose, comme Horatius et son pont. Nous devons le défendre jusqu'à ce que la gendarmerie se manifeste. Continuez après moi.

Ils le suivirent alors qu'il dévalait la plage, et en une seconde ou deux leurs bottes se brisèrent non sur le gravier marin, mais sur de larges pierres plates. Ils descendirent une longue et basse jetée, courant d'un bras dans la mer sombre et bouillante, et lorsqu'ils arrivèrent au bout, ils eurent l'impression d'être arrivés au terme de leur histoire. Ils se tournèrent et firent face à la ville.

Cette ville fut transfigurée par le tumulte. Tout au long du défilé d'où ils venaient de descendre, il y avait un flot sombre et rugissant d'humanité, avec des bras agités et des visages enflammés, tâtonnant et regardant vers eux. La longue ligne sombre était parsemée de torches et de lanternes ; mais même là où aucune flamme n'éclairait un visage furieux, ils distinguaient dans la silhouette la plus éloignée, dans le geste le plus obscur, une haine organisée . Il était clair qu'ils étaient les maudits de tous les hommes, et ils ne savaient pas pourquoi.

Deux ou trois hommes, petits et noirs comme des singes, sautèrent par-dessus le bord comme ils l'avaient fait et se jetèrent sur la plage. Ceux-ci dévalaient le sable profond en criant horriblement et s'efforçaient de patauger dans la mer au hasard. L'exemple fut suivi, et toute la masse noire des hommes se mit à courir et à dégouliner par-dessus le bord comme de la mélasse noire.

Parmi les hommes sur la plage, Syme voyait surtout le paysan qui conduisait leur charrette. Il s'élança dans les vagues sur un énorme cheval de trait et leur lança sa hache.

« Le paysan ! s'écria Syme. "Ils n'ont pas augmenté depuis le Moyen Âge."

"Même si la police arrive maintenant", dit tristement le professeur, "elle ne peut rien faire contre cette foule."

"Absurdité!" » dit Bull désespérément ; "Il doit rester des gens dans la ville qui sont humains."

"Non", dit l'inspecteur désespéré, "l'être humain va bientôt disparaître. Nous sommes les derniers de l'humanité.

"C'est possible", dit distraitement le professeur. Puis il ajouta de sa voix rêveuse : « Qu'est-ce que c'est que tout cela à la fin de la Dunciade ?

« Ni flamme publique ; ni privé, ose briller ;
Il ne reste plus aucune lumière humaine, ni un aperçu divin ! Lo ! ton redoutable Empire, le Chaos, est restauré ; la lumière meurt devant ta parole incréatrice : ta main, grand Anarch, laisse tomber le rideau ; et les ténèbres universelles enterrent tout.' »

"Arrêt!" s'écria soudain Bull, les gendarmes sont sortis.

Les faibles lumières du commissariat étaient en effet masquées et brisées par des silhouettes pressées, et on entendait à travers l'obscurité le choc et le tintement d'une cavalerie disciplinée.

« Ils chargent la foule ! » s'écria Bull en extase ou alarmé.

"Non", a déclaré Syme, "ils sont formés le long du défilé."

"Ils ont dégainé leurs carabines", s'écria Bull dansant avec enthousiasme.

"Oui", a déclaré Ratcliffe, "et ils vont tirer sur nous."

Pendant qu'il parlait, il y eut un long crépitement de mousqueterie, et les balles semblaient sauter comme des grêlons sur les pierres devant eux.

« Les gendarmes les ont rejoints ! s'écria le professeur en se frappant le front.

"Je suis dans la cellule capitonnée", dit Bull d'un ton ferme.

Il y eut un long silence, puis Ratcliffe dit, regardant la mer gonflée, toute d'une sorte de gris pourpre :

« Qu'importe qui est fou ou qui est sain d'esprit ? Nous serons tous bientôt morts.

Syme se tourna vers lui et dit :

« Vous êtes donc complètement désespéré ? »

M. Ratcliffe garda un silence de pierre ; puis enfin il dit doucement :

"Non; curieusement, je ne suis pas vraiment désespéré. Il y a un petit espoir insensé que je n'arrive pas à sortir de mon esprit. Le pouvoir de cette planète entière est contre nous, mais je ne peux m'empêcher de me demander si ce petit espoir idiot est encore sans espoir.

« En quoi ou en qui espères-tu ? » demanda Syme avec curiosité.

"Chez un homme que je n'ai jamais vu", dit l'autre en regardant la mer de plomb.

« Je sais ce que tu veux dire, » dit Syme à voix basse, « l'homme dans la pièce sombre. Mais dimanche, il a dû le tuer à présent.

«Peut-être», dit l'autre d'un ton ferme; "mais si c'était le cas, c'était le seul homme que Sunday avait du mal à tuer."

«J'ai entendu ce que vous avez dit», dit le professeur, le dos tourné. "Je m'accroche aussi à ce que je n'ai jamais vu."

Tout à coup, Syme, qui se tenait comme aveuglé par des pensées introspectives, se retourna et cria, comme un homme qui se réveille de son sommeil :

« Où est le colonel ? Je pensais qu'il était avec nous !

"Le colonel! Oui, s'écria Bull, où diable est le colonel ?

« Il est allé parler à Renard », dit le professeur.

« Nous ne pouvons pas le laisser parmi toutes ces bêtes », s'écria Syme. « Mourons comme des gentlemen si... »

« Ne plaignez pas le colonel », dit Ratcliffe avec un pâle ricanement. « Il est extrêmement à l'aise. Il est-"

"Non! Non! Non!" s'écria Syme avec une sorte de frénésie, pas le colonel aussi ! Je ne le croirai jamais !

"Voulez-vous en croire vos yeux?" » demanda l'autre en montrant la plage.

Beaucoup de leurs poursuivants s'étaient jetés dans l'eau en brandissant les poings, mais la mer était agitée et ils ne pouvaient pas atteindre la jetée. Deux ou trois silhouettes se tenaient cependant au début du trottoir de pierre et semblaient s'avancer avec précaution. L'éclat d'une lanterne fortuite illumina les visages des deux premiers. L'un des visages portait un demi-masque noir, et sous celui-ci, la bouche se tordait avec une telle folie nerveuse que la touffe noire de barbe se tortillait en rond comme un être vivant et agité. L'autre était le visage rouge et la moustache blanche du colonel Ducroix . Ils étaient en consultation sérieuse.

"Oui, il est parti aussi", dit le professeur en s'asseyant sur une pierre. « Tout est parti. Je suis parti! Je ne peux pas faire confiance à ma propre machinerie corporelle. J'ai l'impression que ma propre main pourrait s'envoler et me frapper.

"Quand ma main s'envolera", dit Syme, "elle frappera quelqu'un d'autre", et il longea la jetée en direction du colonel, l'épée dans une main et la lanterne dans l'autre.

Comme pour détruire le dernier espoir ou le dernier doute, le Colonel, qui le vit arriver, pointa sur lui son revolver et fit feu. Le tir manqua Syme, mais frappa son épée, la cassant au niveau de la garde. Syme se précipita et balança la lanterne de fer au-dessus de sa tête.

« Judas devant Hérode ! » » dit-il, et il frappa le colonel sur les pierres. Puis il se tourna vers le secrétaire, dont la bouche effrayante était presque écumante, et il leva la lampe d'un geste si rigide et si saisissant, que l'homme fut comme figé un instant et forcé d'entendre.

"Voyez-vous cette lanterne?" s'écria Syme d'une voix terrible. « Voyez-vous la croix gravée dessus et la flamme à l'intérieur ? Vous n'y êtes pas parvenu. Vous ne l'avez pas allumé. Des hommes meilleurs que vous, des hommes qui savaient croire et obéir, ont tordu les entrailles du fer et préservé la légende du feu. Il n'y a pas une rue dans laquelle vous marchez, il n'y a pas un fil que vous portez, qui n'ait été fait comme cette lanterne, en niant votre philosophie de la saleté et des rats. Vous ne pouvez rien faire. Vous ne pouvez que détruire. Vous détruirez l'humanité ; vous détruirez le monde.

Que cela vous suffise. Pourtant, vous ne détruirez pas cette vieille lanterne chrétienne. Il ira là où votre empire de singes n'aura jamais l'esprit de le trouver.

Il frappa une fois le secrétaire avec la lanterne, le faisant chanceler ; puis, le faisant tournoyer deux fois autour de sa tête, il l'envoya voler au loin vers la mer, où il s'enflamma comme une fusée rugissante et tomba.

"Épées!" cria Syme en tournant son visage enflammé vers les trois derrière lui. « Chargeons ces chiens, car notre heure est venue de mourir. »

Ses trois compagnons le suivirent, l'épée à la main. L'épée de Syme était brisée, mais il arracha un gourdin du poing d'un pêcheur, le jetant à terre. En un instant, ils se seraient jetés à la face de la foule et auraient péri, lorsqu'une interruption survenait. Le secrétaire, depuis le discours de Syme, se tenait la main sur sa tête blessée, comme hébété ; maintenant, il ôta brusquement son masque noir.

Le visage pâle ainsi pelé à la lueur de la lampe révélait moins de rage que d'étonnement. Il leva la main avec une autorité inquiète.

"Il y a une erreur", a-t-il déclaré. "M. Syme, je pense que tu ne comprends pas ta position. Je vous arrête au nom de la loi.

"De la loi?" dit Syme en laissant tomber son bâton.

"Certainement!" dit le secrétaire. "Je suis un détective de Scotland Yard", et il sortit une petite carte bleue de sa poche.

« Et que pensez-vous que nous soyons ? » demanda le professeur en levant les bras.

« Vous, » dit le secrétaire avec raideur, « êtes, comme je le sais pertinemment, membres du Conseil Anarchiste Suprême. Déguisé en l'un de vous, je... »

Le Dr Bull jeta son épée à la mer.

« Il n'y a jamais eu de Conseil Anarchiste Suprême », a-t-il déclaré. « Nous étions tous des policiers idiots qui se regardaient. Et tous ces gens sympas qui nous aspergeaient de tirs pensaient que nous étions des dynamiteurs. Je savais que je ne pouvais pas me tromper à propos de la foule », a-t-il déclaré, rayonnant devant l'immense multitude qui s'étendait au loin des deux côtés. « Les gens vulgaires ne sont jamais fous. Je suis moi-même vulgaire et je le sais. Je vais maintenant à terre pour offrir un verre à tout le monde ici.

CHAPITRE XIII.
LA POURSUITE DU PRÉSIDENT

Le lendemain matin, cinq personnes déconcertées mais hilarantes prirent le bateau pour Douvres. Le pauvre vieux colonel aurait peut-être eu quelques raisons de se plaindre, ayant d'abord été contraint de se battre pour deux factions qui n'existaient pas, puis renversé avec une lanterne de fer. Mais c'était un vieux monsieur magnanime, et étant très soulagé qu'aucun des deux partis n'ait rien à voir avec la dynamite, il les accompagna sur la jetée avec beaucoup de bonhomie.

Les cinq détectives réconciliés avaient cent détails à s'expliquer. Le secrétaire a dû expliquer à Syme comment ils en étaient venus à porter des masques à l'origine afin d'approcher l'ennemi présumé en tant que complices.

Syme dut expliquer comment ils avaient fui si rapidement à travers un pays civilisé . Mais au-dessus de toutes ces questions de détail qui pouvaient être expliquées, se dressait la montagne centrale de la question qu'ils ne pouvaient pas expliquer. Qu'est-ce que tout cela signifiait ? S'ils étaient tous des officiers inoffensifs, que serait le dimanche ? S'il ne s'était pas emparé du monde, qu'avait-il donc fait ? L'inspecteur Ratcliffe était toujours sombre à ce sujet.

« Je n'arrive pas plus que vous à comprendre le petit jeu du vieux dimanche », a-t-il déclaré. « Mais quel que soit le reste du dimanche, il n'est pas un citoyen irréprochable. Bon sang! tu te souviens de son visage ?

«Je vous l'accorde», répondit Syme, «que je n'ai jamais pu l'oublier.»

«Eh bien», dit le secrétaire, «je suppose que nous pourrons le savoir bientôt, car demain nous avons notre prochaine assemblée générale. Vous m'excuserez, dit-il avec un sourire assez épouvantable, de bien connaître mes fonctions de secrétaire.

"Je suppose que vous avez raison", dit le professeur pensivement. « Je suppose que nous pourrions le découvrir auprès de lui ; mais j'avoue que j'aurais un peu peur de demander à Sunday qui il est vraiment.

"Pourquoi", a demandé le secrétaire, "par peur des bombes ?"

"Non", dit le professeur, "de peur qu'il ne me le dise."

« Prenons quelques verres », dit le Dr Bull après un silence.

Tout au long de leur voyage en bateau et en train, ils ont été très conviviaux, mais ils sont restés instinctivement ensemble. Le Dr Bull, qui avait toujours été l'optimiste du groupe, s'efforça de persuader les quatre autres que toute la compagnie pouvait prendre le même fiacre depuis Victoria ; mais la décision fut rejetée et ils partirent dans un véhicule à quatre roues, avec le Dr Bull sur la boîte, en chantant. Ils ont terminé leur voyage dans un hôtel de Piccadilly Circus, afin d' être à proximité du petit-déjeuner matinal du lendemain à Leicester Square. Pourtant, même alors, les aventures de la journée n'étaient pas entièrement terminées. Le Dr Bull, mécontent de la proposition générale d'aller se coucher, était sorti de l'hôtel vers onze heures pour voir et goûter quelques-unes des beautés de Londres. Mais vingt minutes après, il revint et fit beaucoup de bruit dans la salle. Syme, qui essayait d'abord de le calmer, fut finalement obligé d'écouter sa communication avec une toute nouvelle attention.

"Je vous dis que je l'ai vu!" » dit le Dr Bull avec une forte emphase.

"Qui?" » demanda rapidement Syme. "Pas le président?"

« Pas si grave que ça », dit le Dr Bull avec un rire inutile, « pas si grave que ça. Je l'ai ici.

« Vous avez qui ici ? » » demanda Syme avec impatience.

« Un homme poilu », dit l'autre avec lucidité, « un homme qui était autrefois un homme poilu… Gogol. Le voici », et il tira en avant d'un coude réticent le même jeune homme qui, cinq jours auparavant, avait quitté le Conseil avec de fins cheveux roux et un visage pâle, le premier de tous les faux anarchistes qui avaient été dénoncés.

"Pourquoi t'inquiètes-tu pour moi?" il pleure. "Vous m'avez expulsé en tant qu'espion."

« Nous sommes tous des espions ! » murmura Syme.

« Nous sommes tous des espions ! » cria le Dr Bull. "Viens boire un verre."

Le lendemain matin, le bataillon des six réunis marcha résolument vers l'hôtel de Leicester Square.

«C'est plus joyeux», dit le Dr Bull; "Nous sommes six hommes qui vont demander à un homme ce qu'il veut dire."

"Je pense que c'est un peu plus étrange que ça", a déclaré Syme. "Je pense que ce sont six hommes qui vont demander à un seul homme ce qu'ils veulent dire."

Ils se dirigèrent en silence vers la place et, bien que l'hôtel fût dans le coin opposé, ils aperçurent aussitôt le petit balcon et une silhouette qui paraissait trop grande pour lui. Il était assis seul, la tête penchée, penché sur un journal. Mais tous ses conseillers , venus le rejeter, traversèrent cette place comme s'ils étaient observés du haut du ciel par cent yeux.

Ils avaient beaucoup discuté sur leur politique, sur la question de savoir s'ils devaient laisser Gogol démasqué dehors et commencer par la diplomatie, ou s'ils devaient le faire venir et faire exploser la poudre immédiatement. L'influence de Syme et de Bull prévalut en faveur de cette dernière solution, bien que le secrétaire jusqu'au dernier leur ait demandé pourquoi ils avaient attaqué dimanche avec une telle imprudence.

"Ma raison est assez simple", a déclaré Syme. "Je l'attaque imprudemment parce que j'ai peur de lui."

Ils suivirent Syme dans l'escalier sombre en silence, et ils sortirent tous simultanément dans le grand soleil du matin et dans le grand soleil du sourire de dimanche.

"Délicieux !" il a dit. «Je suis tellement heureux de vous voir tous. Quelle journée exquise c'est. Le tsar est-il mort ?

Le secrétaire, qui se trouvait être le premier, se ressaisit pour un éclat digne.

« Non, monsieur, dit-il sévèrement, il n'y a pas eu de massacre. Je vous apporte des nouvelles de spectacles aussi dégoûtants.

"Des lunettes dégoûtantes ?" répéta le président avec un sourire éclatant et interrogateur. « Vous voulez dire les lunettes du Dr Bull ? »

Le secrétaire s'étouffa un instant, et le président poursuivit avec une sorte d'appel doux :

"Bien sûr, nous avons tous nos opinions et même nos yeux, mais vraiment les qualifier de dégoûtantes devant l'homme lui-même..."

Le Dr Bull a arraché ses lunettes et les a cassées sur la table.

« Mes lunettes sont crasseuses, dit-il, mais ce n'est pas mon cas. Regarde mon visage."

« J'ose dire que c'est le genre de visage qui grandit sur quelqu'un, » dit le président, « en fait, il grandit sur vous ; et qui suis-je pour me disputer avec les fruits sauvages de l'Arbre de Vie ? J'ose dire que cela me poussera un jour.

« Nous n'avons pas le temps de faire des bêtises », dit le secrétaire en intervenant sauvagement. « Nous savons ce que tout cela signifie. Qui es-tu ? Qu'est-ce que tu es ? Pourquoi nous as-tu tous amenés ici ? Savez-vous qui et ce que nous sommes ? Êtes-vous un homme idiot qui joue le conspirateur, ou êtes-vous un homme intelligent qui joue le fou ? Réponds-moi, je te le dis.

« Les candidats, murmurait-on dimanche, ne doivent répondre qu'à huit des dix-sept questions posées sur le papier. Autant que je sache, vous voulez que je vous dise ce que je suis, et ce que vous êtes, et ce qu'est cette table, et ce qu'est ce Conseil, et ce qu'est ce monde, pour autant que je sache. Eh bien, j'irai jusqu'à déchirer le voile d'un mystère. Si vous voulez savoir qui vous êtes, vous êtes un groupe de jeunes crétins très bien intentionnés.

"Et toi," dit Syme en se penchant en avant, "qu'est-ce que tu es ?"

"JE? Que suis je?" » rugit le président, et il s'éleva lentement jusqu'à une hauteur incroyable, comme une vague énorme sur le point de se cambrer au-dessus d'eux et de se briser. « Tu veux savoir ce que je suis, n'est-ce pas ? Bull, tu es un homme de science. Fouiller les racines de ces arbres et découvrir la vérité à leur sujet. Syme, tu es un poète. Regardez ces nuages du matin. Mais je vous dis ceci, c'est que vous aurez découvert la vérité sur le dernier arbre et le nuage le plus haut avant la vérité sur moi. Vous comprendrez la mer, et je serai encore une énigme ; tu sauras ce que sont les étoiles, et tu ne sauras pas ce que je suis. Depuis le début du monde, tous les hommes m'ont pourchassé comme un loup : les rois et les sages, les poètes et les législateurs, toutes les églises et toutes les philosophies. Mais je n'ai encore jamais été attrapé, et le ciel s'effondrera le temps que je me tourne vers les abois. Je leur ai donné un bon rendement pour leur argent, et je le ferai maintenant.

Avant que l'un d'eux ait eu le temps de bouger, l'homme monstrueux s'était balancé tel un énorme orang -outang par-dessus la balustrade du balcon. Pourtant, avant de tomber, il se releva comme sur une barre horizontale, et, passant son grand menton par-dessus le bord du balcon, dit solennellement :

« Il y a une chose que je vais vous dire à propos de qui je suis. Je suis l'homme dans la pièce sombre qui a fait de vous tous des policiers.

Sur ce, il tomba du balcon, rebondissant sur les pierres en contrebas comme une grosse boule de caoutchouc , et partit en bondissant vers le coin de l'Alhambra, où il héla un fiacre et sauta à l'intérieur. Les six détectives étaient restés stupéfaits et livides à la lumière de sa dernière affirmation ; mais lorsqu'il disparut dans le taxi, Syme retrouva ses sens pratiques et, sautant par-dessus le balcon avec une telle imprudence qu'il faillit se casser les jambes, il appela un autre taxi.

Lui et Bull sautèrent ensemble dans le taxi, le professeur et l'inspecteur dans un autre, tandis que le secrétaire et feu Gogol montèrent dans un troisième juste à temps pour poursuivre le Syme volant, qui poursuivait le président volant. Dimanche les mena dans une folle poursuite vers le nord-ouest, son cocher, visiblement sous l'influence d'incitations plus que ordinaires, poussant le cheval à une vitesse vertigineuse. Mais Syme n'était pas d'humeur à manger des friandises et il s'est levé dans son propre taxi en criant : « Arrêtez le voleur ! jusqu'à ce que la foule se précipite à côté de son taxi et que les policiers commencent à s'arrêter et à poser des questions. Tout cela eut une influence sur le cocher du Président, qui commença à paraître dubitatif et à ralentir au trot. Il ouvrit la trappe pour parler raisonnablement à son passager et, ce faisant, laissa tomber le long fouet sur l'avant du taxi. Sunday se pencha en avant, le saisit et l'arracha violemment des mains de l'homme. Puis, se plaçant lui-même devant le fiacre, il fouetta le cheval et poussa un rugissement si fort qu'ils descendirent dans les rues comme une tempête volante. Rue après rue, place après place, tournoyait ce véhicule absurde, dans lequel le conducteur poussait le cheval et le cocher essayait désespérément de l'arrêter. Les trois autres fiacres le suivaient (si l'expression est permise pour désigner un fiacre) comme des chiens haletants. Les magasins et les rues défilaient comme des flèches cliquetantes.

Dans la plus grande extase de la vitesse, Sunday se retourna sur le pare-brise où il se tenait, et sortant de la voiture sa grande tête grimaçante, avec ses cheveux blancs sifflant au vent, il fit à ses poursuivants une grimace horrible, comme un gamin colossal. Puis, levant vivement la main droite, il lança une boule de papier au visage de Syme et disparut. Syme attrapa la chose tout en la repoussant instinctivement et découvrit qu'il s'agissait de deux papiers froissés. L'une était adressée à lui-même et l'autre au Dr Bull, avec une très longue suite de lettres, et il faut le craindre en partie ironique, après son nom. Le discours du Dr Bull était, en tout cas, considérablement plus long que sa communication, car la communication consistait entièrement en ces mots :

« Et Martin Tupper *maintenant ?* »

« Que veut dire ce vieux maniaque ? » demanda Bull en regardant les mots. « Qu'en dit le vôtre, Syme ?

Le message de Syme était, en tout cas, plus long et se présentait comme suit : -

« Personne ne regretterait plus que moi une ingérence de la
part de l'archidiacre. J'espère que nous n'en arriverons pas là.
Mais, pour la dernière fois, où sont vos goloshes ? C'est
dommage, surtout après ce qu'a dit mon oncle.

Le cocher du président semblait reprendre un peu le contrôle de son cheval, et les poursuivants gagnèrent un peu en se tournant vers Edgware Road. Et c'est là que se produisit ce qui paraissait aux alliés un arrêt providentiel. La circulation de toutes sortes faisait des embardées à droite ou à gauche ou s'arrêtait, car sur la longue route arrivait le rugissement indubitable annonçant le camion de pompiers, qui en quelques secondes est passé comme un coup de foudre effronté. Mais à mesure qu'il passait, Sunday avait bondi hors de son fiacre, s'était jeté sur le camion de pompiers, l'avait rattrapé, s'était accroché dessus, et on l'avait vu disparaître dans le lointain bruyant, discutant avec des gestes explicatifs avec le pompier étonné.

"Après lui!" hurla Syme. « Il ne peut plus s'égarer maintenant. Il n'y a aucun doute sur un camion de pompiers.

Les trois cochers, un moment assommés, fouettèrent leurs chevaux et réduisirent légèrement la distance qui les séparait de leur proie qui disparaissait. Le président a reconnu cette proximité en venant à l'arrière de la voiture, en s'inclinant à plusieurs reprises, en lui baisant la main et en jetant finalement une note soigneusement pliée dans le sein de l'inspecteur Ratcliffe. Lorsque ce monsieur l'ouvrit, non sans impatience, il y trouva ces mots :

« Volez immédiatement. La vérité sur vos brancards est connue. — UN AMI.

Le camion de pompiers avait frappé encore plus au nord, dans une région qu'ils ne reconnaissaient pas ; et alors qu'il longeait une ligne de hautes grilles ombragées d'arbres, les six amis furent surpris, mais quelque peu soulagés, de voir le président sauter du camion de pompiers, bien que, que ce soit par un autre caprice ou par les protestations croissantes de ses animateurs, ils ne purent le faire. voir. Cependant, avant que les trois fiacres aient pu atteindre l'endroit, il avait escaladé les hautes grilles comme un énorme chat gris, s'était jeté et avait disparu dans l'obscurité des feuilles.

Syme, d'un geste furieux, arrêta sa voiture, sauta et sauta aussi vers l'escalade. Lorsqu'il avait une jambe par-dessus la clôture et que ses amis le suivaient, il tourna vers eux un visage qui brillait tout pâle dans l'ombre.

« Quel endroit cela peut-il être ? » Il a demandé. « Est-ce que ça peut être la vieille maison du diable ? J'ai entendu dire qu'il avait une maison au nord de Londres.

"Tant mieux", dit sombrement le secrétaire en plantant un pied dans un pied, "nous le retrouverons chez lui."

"Non, mais ce n'est pas ça", dit Syme en fronçant les sourcils. « J'entends les bruits les plus horribles, comme des diables qui rient, qui éternuent et se mouchent diaboliquement ! »

"Ses chiens aboient, bien sûr", a déclaré le secrétaire.

« Pourquoi ne pas dire ses aboiements de coléoptères noirs ! » » dit Syme furieusement, « les escargots aboient ! les géraniums aboient ! Avez-vous déjà entendu un chien aboyer comme ça ?

Il leva la main, et il sortit du fourré un long rugissement qui semblait pénétrer sous la peau et geler la chair – un rugissement sourd et palpitant qui faisait palpiter l'air tout autour d'eux.

« Les chiens du dimanche ne seraient pas des chiens ordinaires », dit Gogol en frissonnant.

Syme avait sauté de l'autre côté, mais il écoutait toujours avec impatience.

"Eh bien, écoutez ça," dit-il, "est-ce un chien, le chien de quelqu'un ?"

Des cris rauques retentirent à leurs oreilles, comme si des choses protestaient et criaient avec une douleur soudaine ; et puis, au loin, comme un écho, ce qui sonnait comme une longue trompette nasale.

"Eh bien, sa maison devrait être un enfer!" dit le secrétaire ; "et si c'est l'enfer, j'y vais !" et il sauta par-dessus les hautes grilles presque d'un seul coup.

Les autres suivirent. Ils percèrent un enchevêtrement de plantes et d'arbustes et débouchèrent sur un chemin dégagé. Rien n'était en vue, mais le Dr Bull joignit soudain les mains.

"Eh bien, espèce d'ânes," cria-t-il, "c'est le Zoo !"

Alors qu'ils cherchaient désespérément toute trace de leur proie sauvage, un gardien en uniforme accourut le long du chemin accompagné d'un homme en civil.

"Est-ce que c'est arrivé par ici ?" haleta le gardien.

« A quoi ? » demanda Syme.

"L'éléphant!" s'écria le gardien. "Un éléphant est devenu fou et s'est enfui !"

« Il s'est enfui avec un vieux monsieur, dit l'autre essoufflé, un pauvre vieux monsieur aux cheveux blancs !

« Quel genre de vieux monsieur ? » demanda Syme avec une grande curiosité.

"Un vieux monsieur très grand et gros, vêtu de vêtements gris clair", dit le gardien avec empressement.

"Eh bien," dit Syme, "si c'est ce genre particulier de vieux gentleman, si vous êtes tout à fait sûr que c'est un grand et gros vieux gentleman en vêtements gris, vous pouvez me croire sur parole que l'éléphant ne s'est pas enfui avec lui. Il s'est enfui avec l'éléphant. L'éléphant n'a pas été créé par Dieu pour pouvoir s'enfuir avec lui s'il ne consentait pas à la fuite. Et, par tonnerre, le voilà !

Il n'y avait aucun doute cette fois-ci. A travers l'espace d'herbe, à environ deux cents mètres de là, avec une foule criant et trottinant en vain sur ses talons, s'avançait un énorme éléphant gris d'une foulée épouvantable, avec sa trompe projetée aussi rigide que le beaupré d'un navire, et barrissant comme le trompette de malheur. Sur le dos de l'animal beuglant et plongeant était assis le président Sunday avec toute la placidité d'un sultan, mais aiguillonnant l'animal à une vitesse furieuse avec un objet pointu à la main.

"Arrête-le!" » a crié la population. "Il sera hors de la porte!"

« Arrêtez un glissement de terrain ! » dit le gardien. "Il est hors de la porte!"

Et alors même qu'il parlait, un dernier fracas et un rugissement de terreur annonçaient que le grand éléphant gris avait franchi les portes du jardin zoologique et dévalait Albany Street comme une nouvelle et rapide sorte d'omnibus.

"Grand Seigneur!" s'écria Bull, "Je n'aurais jamais cru qu'un éléphant pouvait aller aussi vite. Eh bien, ce seront encore des fiacres si nous voulons le garder en vue.

Alors qu'ils couraient vers la porte par laquelle l'éléphant avait disparu, Syme sentit un panorama éblouissant des étranges animaux dans les cages devant lesquelles ils passaient. Ensuite, il trouva étrange de les avoir vus si clairement. Il se souvenait particulièrement d'avoir vu des pélicans, avec leurs gorges pendantes absurdes. Il se demandait pourquoi le pélican était le symbole de la charité, sauf qu'il fallait beaucoup de charité pour admirer un pélican. Il se souvint d'un calao, qui était simplement un énorme bec jaune avec un petit oiseau attaché derrière lui. Tout cela lui donnait la sensation, dont il ne pouvait expliquer la vivacité, que la nature faisait toujours des plaisanteries assez mystérieuses. Sunday leur avait dit qu'ils le comprendraient quand ils auraient compris les étoiles. Il se demandait si même les archanges comprenaient le calao.

Les six malheureux détectives se jetèrent dans des fiacres et suivirent l'éléphant partageant la terreur qu'il répandait à travers les longues rues. Cette fois, Sunday ne se retourna pas, mais leur offrit l'étendue solide de son dos inconscient, ce qui les exaspérait, si possible, plus que ses moqueries précédentes. Cependant, juste avant d'arriver à Baker Street, on l'a vu lancer quelque chose en l'air, comme un garçon fait une balle dans l'intention de la rattraper. Mais à leur rythme de course , il était loin derrière, juste à côté du fiacre contenant Gogol ; et dans un faible espoir d'un indice ou pour une impulsion inexplicable, il arrêta son taxi pour le récupérer. Il était adressé à lui-même et constituait un colis assez volumineux. Cependant, à l'examen, il s'est avéré que l'essentiel était constitué de trente-trois morceaux de papier sans valeur, enroulés les uns autour des autres. Lorsque la dernière couverture fut arrachée, elle se réduisit à un petit morceau de papier sur lequel était écrit :

"Je pense que le mot devrait être" rose "."

L'homme autrefois connu sous le nom de Gogol ne disait rien, mais les mouvements de ses mains et de ses pieds étaient comme ceux d'un homme qui pousse un cheval à redoubler d'efforts.

Rue après rue, quartier après quartier, marchait le prodige de l'éléphant volant, appelant les foules à chaque fenêtre et dirigeant la circulation à gauche et à droite. Et pourtant, malgré toute cette folle publicité, les trois fiacres travaillèrent à sa poursuite, jusqu'à ce qu'ils en viennent à être considérés comme faisant partie d'un cortège, et peut-être comme la publicité d'un cirque. Ils allaient à une telle vitesse que les distances étaient raccourcies au-delà de toute imagination, et Syme aperçut l'Albert Hall à Kensington alors qu'il pensait être encore à Paddington. L'allure de l'animal était encore plus rapide et libre à travers les rues vides et aristocratiques de South Kensington, et il se dirigea finalement vers cette partie de l'horizon où se dressait dans le ciel l'énorme roue d'Earl's Court. La roue devint de plus en plus grande, jusqu'à remplir le ciel comme la roue des étoiles.

La bête a devancé les taxis. Ils le perdirent à plusieurs coins de rue, et lorsqu'ils arrivèrent à l'une des portes de l' exposition d'Earl's Court , ils se trouvèrent finalement bloqués. Devant eux se trouvait une foule immense ; au milieu se trouvait un énorme éléphant, se soulevant et frémissant comme le font ces créatures informes. Mais le président avait disparu.

« Où est-il allé ? » demanda Syme en glissant au sol.

« Messieur s'est précipité dans l'exposition, monsieur ! » » dit un fonctionnaire d'un air hébété. Puis il ajouta d'une voix blessée : « Drôle de gentleman, monsieur. Il m'a demandé de tenir son cheval et m'a donné ceci.

Il tendit avec dégoût un morceau de papier plié, adressé : « Au secrétaire du Conseil anarchiste central ».

Le secrétaire, furieux, le déchira et y trouva écrit :

« Quand le hareng court un mile,
laissez le secrétaire sourire ; quand le hareng essaie de *voler* ,
laissez le secrétaire mourir. Proverbe rustique.

«Pourquoi, cet éternel crikey », commença le secrétaire, «avez-vous laissé entrer cet homme? Est-ce que les gens viennent souvent à votre exposition à cheval sur des éléphants fous ? Faire-"

"Regarder!" cria soudain Syme. "Regarde là-bas!"

"Regarde quoi?" » demanda sauvagement le secrétaire.

"Regardez le ballon captif !" » dit Syme en pointant du doigt avec frénésie.

« Pourquoi devrais-je regarder un ballon captif ? » » demanda le secrétaire. " Qu'y a-t-il de bizarre à propos d'un ballon captif ? "

"Rien", dit Syme, "sauf qu'il n'est pas captif !"

Ils tournèrent tous leurs regards vers l'endroit où le ballon se balançait et gonflait au-dessus de l'Exposition grâce à un fil, comme un ballon d'enfant. Une seconde après, la ficelle se détacha en deux juste sous la voiture, et le ballon, détaché, s'envola avec la liberté d'une bulle de savon.

"Dix mille diables!" cria le secrétaire. "Il s'y est mis !" et il leva les poings vers le ciel.

Le ballon, porté par un vent fortuit, arriva juste au-dessus d'eux, et ils purent voir la grande tête blanche du Président qui regardait par-dessus le côté et les regardait avec bienveillance.

« Que Dieu bénisse mon âme ! » » dit le professeur avec cette manière âgée dont il ne pouvait jamais se détacher de sa barbe décolorée et de son visage parchemin. « Que Dieu bénisse mon âme ! J'avais l'impression que quelque chose tombait sur mon chapeau ! »

Il leva une main tremblante et prit sur cette étagère un morceau de papier tordu qu'il ouvrit distraitement pour y trouver l'inscription d'un véritable nœud d'amoureux et les mots :

"Ta beauté ne m'a pas laissé indifférent.— De PETIT PERCE-NEIGE."

Il y eut un court silence, puis Syme dit en se mordant la barbe :

« Je ne suis pas encore battu. Cette foutue chose doit bien tomber quelque part. Suivons-le !

CHAPITRE XIV.
LES SIX PHILOSOPHES

À travers des champs verts et des haies fleuries, six détectives traînés ont travaillé dur, à environ huit kilomètres de Londres. L'optimiste du parti avait d'abord proposé de suivre le ballon à travers le sud de l'Angleterre dans des fiacres. Mais il fut finalement convaincu du refus persistant du ballon de suivre les routes, et du refus encore plus persistant des cochers de suivre le ballon. En conséquence, les voyageurs infatigables, quoique exaspérés , traversèrent des fourrés noirs et labourèrent des champs labourés jusqu'à ce que chacun devienne un personnage trop scandaleux pour être pris pour un vagabond. Ces collines verdoyantes du Surrey ont vu l'effondrement final et la tragédie de l'admirable costume gris clair dans lequel Syme était parti de Saffron Park. Son chapeau de soie était cassé sur son nez par une branche qui se balançait, ses pans de manteau étaient déchirés jusqu'à l'épaule par des épines qui l'arrêtaient, l'argile d'Angleterre était éclaboussée jusqu'à son col ; mais il portait toujours sa barbe jaune en avant avec une détermination silencieuse et furieuse, et ses yeux étaient toujours fixés sur cette boule de gaz flottante qui, dans le plein éclat du coucher de soleil, semblait colorée comme un nuage de coucher de soleil.

« Après tout, dit-il, c'est très beau !

"C'est singulièrement et étrangement beau !" dit le professeur. « J'aimerais que ce sac à essence bestial éclate ! »

"Non", a déclaré le Dr Bull, "j'espère que ce ne sera pas le cas. Cela pourrait blesser le vieux garçon.

"Blessez-le!" dit le professeur vindicatif, faites-lui du mal ! Pas autant que je lui ferais du mal si je pouvais me lever avec lui. Petit perce-neige !

«Je ne veux pas qu'il soit blessé, d'une manière ou d'une autre», a déclaré le Dr Bull.

"Quoi!" s'écria amèrement le secrétaire. « Croyez-vous à toute cette histoire selon laquelle il serait notre homme dans la pièce sombre ? Dimanche dirait qu'il était n'importe qui.

«Je ne sais pas si j'y crois ou non», a déclaré le Dr Bull. « Mais ce n'est pas cela que je veux dire. Je ne peux pas souhaiter que le ballon du vieux dimanche éclate parce que...

"Eh bien," dit Syme avec impatience, "parce que ?"

"Eh bien, parce qu'il est lui-même si joyeux comme un ballon", dit désespérément le Dr Bull. « Je ne comprends pas un mot à toute cette idée selon laquelle il serait le même homme qui nous a donné toutes nos cartes bleues. Cela semble rendre tout absurde. Mais peu m'importe qui le sait, j'ai toujours eu de la sympathie pour le vieux Sunday lui-même, aussi méchant soit-il. Comme s'il était un bébé qui rebondissait. Comment puis-je expliquer quelle était ma sympathie queer ? Cela ne m'a pas empêché de le combattre comme un diable ! Dois-je être clair si je dis que je l'aimais parce qu'il était si gros ?

"Vous ne le ferez pas", a déclaré le secrétaire.

«Je l'ai maintenant», s'écria Bull, «c'est parce qu'il était si gros et si léger. Tout comme un ballon. Nous pensons toujours que les gros sont lourds, mais il aurait pu danser contre une sylphe. Je vois maintenant ce que je veux dire. La force modérée se manifeste dans la violence, la force suprême se manifeste dans la légèreté. C'était comme les vieilles spéculations : que se passerait-il si un éléphant pouvait bondir dans le ciel comme une sauterelle ?

"Notre éléphant", dit Syme en levant les yeux, "a bondi dans le ciel comme une sauterelle."

« Et d'une manière ou d'une autre, conclut Bull, c'est pourquoi je ne peux m'empêcher d'aimer le vieux dimanche. Non, ce n'est pas une admiration pour la force, ou quelque chose de ce genre. Il y a une sorte de gaieté dans la chose, comme s'il débordait d'une bonne nouvelle. Ne l'avez-vous pas parfois ressenti un jour de printemps ? Vous savez que la nature joue des tours, mais d'une manière ou d'une autre, ce jour-là prouve que ce sont des tours de bonne humeur. Je n'ai jamais lu la Bible moi-même, mais la partie dont ils se moquent est la vérité littérale : « Pourquoi sautez-vous, hautes collines ? Les collines sautent – du moins, elles essaient de… Pourquoi est-ce que j'aime le dimanche ?… comment puis-je vous le dire ?… parce que c'est un tel Bounder.

Il y eut un long silence, puis le secrétaire dit d'une voix curieuse et tendue :

« Vous ne connaissez pas du tout le dimanche. C'est peut-être parce que tu es meilleur que moi et que tu ne connais pas l'enfer. J'étais un garçon féroce et un peu morbide dès le début. L'homme qui est assis dans l'obscurité et qui nous a tous choisis m'a choisi parce que j'avais l'air fou d'un conspirateur – parce que mon sourire était de travers et mes yeux étaient sombres, même lorsque je souriais. Mais il devait y avoir quelque chose en moi qui répondait à la nervosité de tous ces hommes anarchiques. Car lorsque j'ai vu Sunday pour la première fois, il m'a exprimé non pas votre vitalité aérienne, mais quelque chose à la fois grossier et triste dans la nature des choses. Je l'ai trouvé en train de fumer dans une pièce crépusculaire, une pièce aux stores marron, infiniment plus déprimante que l'obscurité géniale dans laquelle vit notre maître. Il était assis là sur un banc, un énorme tas d'homme, sombre et déformé. Il écoutait toutes mes paroles sans parler ni même bouger. J'ai lancé mes appels les plus passionnés et posé mes questions les plus éloquentes. Puis, après un long silence, la Chose se mit à trembler, et je crus qu'elle était secouée par quelque maladie secrète. Cela tremblait comme une gelée répugnante et vivante. Cela m'a rappelé tout ce que j'avais lu sur les corps de base qui sont à l'origine de la vie : les morceaux et le protoplasme des profondeurs marines . Cela semblait être la forme ultime de la matière, la plus informe et la plus honteuse. Je pouvais seulement me dire, à ses frissons , que c'était au moins quelque chose qu'un tel monstre pouvait être misérable. Et puis je me suis rendu compte que la montagne bestiale tremblait d'un rire solitaire, et que ce rire était dirigé vers moi. Est-ce que tu me demandes de lui pardonner ça ? Ce n'est pas une mince affaire que de se moquer de quelque chose à la fois inférieur et plus fort que soi.

« Vous exagérez sûrement énormément, les gars, » coupa la voix claire de l'inspecteur Ratcliffe. «Le président Sunday est un homme terrible pour l'intellect, mais il n'est pas physiquement un monstre de Barnum comme vous le prétendez. Il m'a reçu dans un bureau ordinaire, en habit gris à carreaux, en plein jour. Il m'a parlé d'une manière ordinaire. Mais je vais vous dire ce qui est un peu effrayant à propos du dimanche. Sa chambre est soignée, ses vêtements sont soignés, tout semble en ordre ; mais il est distrait. Parfois, ses grands yeux brillants deviennent complètement aveugles. Pendant des heures, il oublie que vous êtes là. Or, la distraction est un peu trop horrible chez un homme méchant. Nous considérons un homme méchant comme vigilant. Nous ne pouvons pas penser à un méchant qui rêve honnêtement et sincèrement, parce que nous n'osons pas penser à un méchant seul avec lui-même. Un homme distrait signifie un homme de bonne humeur. Cela signifie un homme qui, s'il vous voit, s'excusera . Mais comment supporterez-vous un homme distrait qui, s'il vous voit, vous tuera ? C'est ce qui met les nerfs à rude épreuve, l'abstraction alliée à la cruauté. Les hommes l'ont parfois éprouvé lorsqu'ils traversaient des forêts sauvages, et sentaient que les animaux y étaient à la fois innocents et impitoyables. Ils pourraient ignorer ou tuer. Aimeriez-vous passer dix heures mortelles dans un salon avec un tigre distrait ?

« Et que penses-tu de dimanche, Gogol ? demanda Syme.

"Je ne pense pas par principe au dimanche", dit simplement Gogol, "pas plus que je ne regarde le soleil à midi."

"Eh bien, c'est un point de vue", dit Syme pensivement. « Qu'en dites-vous, professeur ?

Le professeur marchait la tête penchée et le bâton traînant, et il ne répondit pas du tout.

« Réveillez-vous, professeur ! » dit Syme avec générosité. "Dites-nous ce que vous pensez de dimanche."

Le professeur parla enfin très lentement.

« Je pense à quelque chose, dit-il, que je ne peux pas dire clairement. Ou plutôt, je pense à quelque chose que je ne peux même pas penser clairement. Mais c'est quelque chose comme ça. Mon enfance, comme vous le savez, a été un peu trop vaste et trop lâche.

le visage de Sunday, j'ai pensé qu'il était trop grand – tout le monde le fait, mais j'ai aussi pensé qu'il était trop lâche. Le visage était si grand qu'on ne pouvait pas du tout le concentrer ou en faire un visage. L'œil était si loin du nez que ce n'était pas un œil. La bouche était tellement à elle seule qu'il fallait y penser par elle-même. Tout cela est trop difficile à expliquer.

Il s'arrêta un moment, toujours à la traîne de son bâton, puis reprit :

«Mais dites-le de cette façon. En parcourant une route la nuit, j'ai vu une lampe, une fenêtre éclairée et un nuage former ensemble un visage des plus complets et des plus incomparables. Si quelqu'un au paradis a ce visage , je le connaîtrai à nouveau. Pourtant, en marchant un peu plus loin , je constatai qu'il n'y avait pas de visage, que la fenêtre était à dix mètres, la lampe à dix cents mètres, le nuage au-delà du monde. Eh bien, le visage de dimanche m'a échappé ; il s'enfuyait à droite et à gauche, comme ces images fortuites s'enfuient. Et donc son visage m'a fait, d'une manière ou d'une autre, douter de l'existence de visages. Je ne sais pas si ton visage, Bull, est un visage ou une combinaison en perspective. Peut-être qu'un disque noir de vos lunettes bestiales est tout près et un autre à cinquante milles. Oh, les doutes d'un matérialiste ne valent pas la peine d'être jetés. Dimanche m'a appris les derniers et les pires doutes, les doutes d'un spiritualiste. Je suis bouddhiste, je suppose ; et le bouddhisme n'est pas une croyance, c'est un doute. Mon pauvre cher Bull, je ne crois pas que tu aies vraiment un visage. Je n'ai pas assez de foi pour croire à la matière.

Les yeux de Syme étaient toujours fixés sur l'orbe errant, qui, rougi par la lumière du soir, ressemblait à un monde plus rose et plus innocent.

« Avez-vous remarqué une chose étrange, dit-il, dans toutes vos descriptions ? Chacun d'entre vous trouve le dimanche très différent, mais chacun d'entre vous ne peut trouver qu'une seule chose à laquelle le comparer : l'univers lui-même. Bull le trouve comme la terre au printemps, Gogol comme le soleil à midi. Le secrétaire se souvient du protoplasme informe et l'inspecteur de l'insouciance des forêts vierges. Le professeur dit qu'il est comme un paysage changeant. C'est bizarre, mais il est encore plus étrange que j'aie aussi eu ma drôle d'idée sur le président, et je trouve aussi que je pense au dimanche comme je pense au monde entier.

« Avancez un peu plus vite, Syme, » dit Bull ; "Peu importe le ballon."

« Quand j'ai vu Sunday pour la première fois, dit lentement Syme, je n'ai vu que son dos ; et quand j'ai vu son dos, j'ai su que c'était le pire homme du monde. Son cou et ses épaules étaient brutaux, comme ceux d'un dieu singe. Sa tête avait une courbure à peine humaine, comme celle d'un bœuf. En fait, j'eus tout de suite l'impression révoltante que ce n'était pas du tout un homme, mais une bête habillée en hommes.

« Continuez », dit le Dr Bull.

« Et puis une chose étrange s'est produite. Je l'avais vu de dos depuis la rue, alors qu'il était assis sur le balcon. Puis je suis entré dans l'hôtel et, en passant de l'autre côté de lui, j'ai vu son visage au soleil. Son visage m'a effrayé, comme tout le monde ; mais pas parce que c'était brutal, ni parce que c'était mauvais. Au contraire, ça m'a fait peur parce que c'était tellement beau, parce que c'était tellement bon.

« Syme, s'écria le secrétaire, êtes-vous malade ?

«C'était comme le visage d'un ancien archange, jugeant avec justesse après des guerres héroïques. Il y avait du rire dans les yeux, et dans la bouche de l'honneur et du chagrin. Il y avait les mêmes cheveux blancs, les mêmes grandes épaules vêtues de gris que j'avais vues de dos. Mais quand je l'ai vu de dos , j'étais certain que c'était un animal, et quand je l'ai vu de face, j'ai su que c'était un dieu.

"Pan", dit rêveusement le professeur, "était un dieu et un animal."

« Alors, encore et toujours, continua Syme comme un homme qui se parle à lui-même, cela a été pour moi le mystère du dimanche, et c'est aussi le mystère du monde. Quand je vois l'horrible dos, je suis sûr que le noble visage n'est qu'un masque. Quand je vois le visage ne serait-ce qu'un instant, je sais que le dos n'est qu'une plaisanterie. Le mal est si grave que nous ne pouvons que penser au bien d'un accident ; le bien est si bon que nous sommes certains que le mal peut s'expliquer. Mais le tout a atteint une sorte de crête hier, lorsque j'ai couru dimanche vers le taxi, et j'étais juste derrière lui pendant tout le trajet.

« Avez-vous eu le temps de réfléchir, alors ? » » demanda Ratcliffe.

« Il est temps », répondit Syme, « de penser à une pensée scandaleuse. J'ai été soudain possédé par l'idée que l'arrière aveugle et vide de sa tête était en réalité son visage – un visage horrible et sans yeux qui me regardait ! Et j'imaginais que la silhouette qui courait devant moi était en réalité une silhouette courant à reculons et dansant pendant qu'elle courait.

"Horrible!" » dit le Dr Bull en frissonnant.

"Horrible n'est pas le mot", a déclaré Syme. « C'était exactement le pire moment de ma vie. Et pourtant dix minutes après, quand il sortait la tête du fiacre et faisait une grimace de gargouille, je savais qu'il n'était que comme un père jouant à cache-cache avec ses enfants.

« C'est un long match », dit le secrétaire en fronçant les sourcils en voyant ses bottes cassées.

« Écoutez-moi », s'écria Syme avec une emphase extraordinaire. « Dois-je vous révéler le secret du monde entier ? C'est que nous n'avons connu que l'arrière du monde. On voit tout de dos, et ça a l'air brutal. Ce n'est pas un arbre, mais le dos d'un arbre. Ce n'est pas un nuage, mais l'arrière d'un nuage. Ne voyez-vous pas que tout est penché et cache un visage ? Si seulement nous pouvions passer devant...

"Regarder!" s'écria Bull avec clameur, "le ballon descend !"

Inutile de crier à Syme, qui ne l'avait jamais quitté des yeux. Il vit le grand globe lumineux soudain chanceler dans le ciel, se redresser, puis s'enfoncer lentement derrière les arbres comme un soleil couchant.

L'homme appelé Gogol, qui avait à peine parlé pendant tout leur voyage fatigant, leva soudain les mains comme un esprit perdu.

"Il est mort!" il pleure. "Et maintenant je sais qu'il était mon ami, mon ami dans le noir!"

"Mort!" renifla le secrétaire. « Vous ne le retrouverez pas mort facilement. S'il a été renversé hors de la voiture, nous le trouverons roulant comme un poulain roule dans un champ, donnant des coups de pied pour s'amuser.

"Il claqua des sabots", dit le professeur. "Les poulains le font, et Pan aussi."

« Encore une poêle ! » dit le Dr Bull avec irritation. "Tu sembles penser que Pan est tout."

« C'est ainsi qu'il l'est, » dit le professeur, « en grec. Il veut tout dire.

"N'oubliez pas", dit le secrétaire en baissant les yeux, "qu'il parle aussi de Panique."

Syme s'était levé sans entendre aucune des exclamations.

"Il est tombé là-bas", dit-il brièvement. « Suivons-le !

Puis il ajouta d'un geste indescriptible :

« Oh, s'il nous a tous trompés en se faisant tuer ! Ce serait comme une de ses alouettes.

Il s'éloigna vers les arbres lointains avec une énergie nouvelle, ses haillons et ses rubans flottant au vent. Les autres le suivirent d'une manière plus douloureuse et plus douteuse. Et presque au même instant, les six hommes se rendirent compte qu'ils n'étaient pas seuls dans le petit champ.

A travers le carré de gazon , un homme de grande taille s'avançait vers eux, appuyé sur un étrange long bâton semblable à un sceptre . Il était vêtu d'un costume raffiné mais démodé avec une culotte qui descendait jusqu'aux genoux ; sa couleur était cette nuance entre le bleu, le violet et le gris qu'on peut voir dans certaines ombres de la forêt. Ses cheveux étaient gris blanchâtres et, au premier coup d'œil, pris avec sa culotte, ils semblaient poudrés. Son avance était très silencieuse ; sans le givre argenté sur sa tête, il aurait pu ressembler aux ombres du bois.

« Messieurs, dit-il, mon maître a une voiture qui vous attend sur la route juste à côté.

"Qui est ton maître ?" » demanda Syme, immobile.

« On m'a dit que vous connaissiez son nom », dit respectueusement l'homme.

Il y eut un silence, puis le secrétaire dit :

« Où est cette voiture ?

"Il n'attend que quelques instants", dit l'inconnu. "Mon maître vient tout juste de rentrer à la maison."

Syme regarda de gauche à droite le champ vert dans lequel il se trouvait. Les haies étaient des haies ordinaires, les arbres semblaient des arbres ordinaires ; pourtant, il se sentait comme un homme piégé au pays des fées.

Il regarda le mystérieux ambassadeur de haut en bas, mais il ne put rien découvrir, sauf que le manteau de l'homme était de la couleur exacte des ombres violettes et que le visage de l'homme était de la couleur exacte du ciel rouge, marron et doré.

"Montrez-nous l'endroit", dit brièvement Syme, et sans un mot l'homme au manteau violet tourna le dos et se dirigea vers une brèche dans la haie, qui laissa soudain entrer la lumière d'une route blanche.

Alors que les six vagabonds s'avançaient dans cette artère, ils aperçurent la route blanche bloquée par ce qui ressemblait à une longue rangée de voitures, une rangée de voitures telle qu'elle aurait pu fermer l'entrée de quelque maison de Park Lane. A côté de ces voitures se tenait une rangée de domestiques splendides, tous vêtus de l'uniforme gris-bleu, et tous possédant une certaine qualité de majesté et de liberté qui n'appartiendrait pas ordinairement aux domestiques d'un gentleman, mais plutôt aux fonctionnaires et aux fonctionnaires. ambassadeurs d'un grand roi. Il n'y avait pas moins de six voitures qui attendaient, une pour chacun des membres de la bande en lambeaux et misérable. Tous les serviteurs (comme s'ils étaient en tenue de cour) portaient des épées, et tandis que chaque homme rampait dans sa voiture, ils les tiraient et saluaient avec une soudaine flamme d'acier.

« Qu'est-ce que tout cela peut signifier ? » » demanda Bull de Syme alors qu'ils se séparaient. "Est-ce une autre blague du dimanche?"

« Je ne sais pas », dit Syme en s'enfonçant avec lassitude dans les coussins de sa voiture ; « Mais si c'est le cas, c'est une des blagues dont vous parlez. C'est quelqu'un de bon enfant.

Les six aventuriers avaient traversé de nombreuses aventures, mais aucune ne les avait autant bouleversés que cette dernière aventure de confort. Ils étaient tous habitués aux choses qui se passaient mal ; mais tout à coup, tout allait bien et ils les ont submergés. Ils ne pouvaient même pas imaginer ce qu'étaient ces voitures ; il leur suffisait de savoir que c'étaient des voitures, et des voitures à coussins. Ils ne pouvaient pas concevoir qui était le vieil homme qui les avait conduits ; mais c'était bien suffisant qu'il les ait certainement conduits aux voitures.

Syme traversa une obscurité d'arbres à la dérive, dans un abandon total. Il était typique de lui que, alors qu'il avait avancé farouchement son menton barbu tant que tout pouvait être fait, lorsque toute l'affaire lui avait été retirée des mains, il retomba sur les coussins dans un franc effondrement.

Très peu à peu et très vaguement, il comprit dans quelles routes riches la voiture le conduisait. Il vit qu'ils passèrent devant les portes de pierre de ce qui aurait pu être un parc, qu'ils commencèrent à gravir peu à peu une colline qui, bien que boisée des deux côtés, était un peu plus ordonnée qu'une forêt. Alors commença à grandir en lui, comme chez un homme qui se réveille lentement d'un sommeil sain, le plaisir de tout. Il estimait que les haies étaient ce que devraient être les haies, des murs végétaux ; qu'une haie est comme une armée humaine, disciplinée, mais d'autant plus vivante. Il apercevait des hauts ormes derrière les haies et pensait vaguement à quel point les garçons seraient heureux d'y grimper. Puis sa voiture fit un tour de chemin et il aperçut soudain et tranquillement, comme un long nuage bas au coucher du soleil, une longue maison basse, douce dans la douce lumière du coucher du soleil. Les six amis comparèrent ensuite leurs notes et se disputèrent ; mais ils convenaient tous que, d'une manière inexplicable, cet endroit leur rappelait leur enfance. C'était soit cette cime d'orme, soit ce chemin tortueux, c'était soit ce bout de verger, soit cette forme de fenêtre ; mais chacun d'eux déclara qu'il se souvenait de cet endroit avant de se souvenir de sa mère.

Lorsque les voitures arrivèrent enfin devant une grande porte basse et caverneuse, un autre homme portant le même uniforme, mais portant une étoile d'argent sur la poitrine grise de son manteau, sortit à leur rencontre. Cette personne impressionnante dit à Syme abasourdi :

« Des rafraîchissements vous sont fournis dans votre chambre. »

Syme, sous l'influence du même sommeil hypnotique d'étonnement, monta le grand escalier de chêne à la suite du respectueux serviteur. Il entra dans un splendide ensemble d'appartements qui semblaient conçus spécialement pour lui. Il s'approcha d'un long miroir avec l'instinct ordinaire de sa classe, pour redresser sa cravate ou lisser ses cheveux ; et là, il vit la silhouette effrayante qu'il était : du sang coulait sur son visage là où la branche l'avait frappé, ses cheveux se dressaient comme des lambeaux jaunes d'herbes rêches, ses vêtements déchirés en lambeaux longs et vacillants. Tout d'un coup, toute l'énigme surgit, tout simplement comme la question de savoir comment il était arrivé là et comment il allait en ressortir. Exactement au même instant, un homme en bleu, qui avait été nommé son valet de chambre, dit très solennellement :

"J'ai sorti vos vêtements, monsieur."

"Vêtements!" dit Syme sardoniquement. «Je n'ai d'autre vêtement que ceux-ci», et il souleva deux longues bandes de sa redingote en festons fascinants et fit un mouvement comme pour tourner comme une danseuse de ballet.

« Mon maître me demande de dire, dit le garçon, qu'il y a un bal costumé ce soir, et qu'il désire que vous mettiez le costume que j'ai préparé. En attendant, monsieur, il y a une bouteille de Bourgogne et du faisan froid, qu'il espère que vous ne refuserez pas, car c'est quelques heures avant le souper.

« Le faisan froid est une bonne chose », dit Syme d'un ton réfléchi, « et la Bourgogne est une très bonne chose. Mais en réalité , je ne désire ni l'un ni l'autre, mais plutôt savoir ce que diable tout cela signifie et quel genre de costume vous m'avez confectionné. Où est-il?"

Le domestique souleva une espèce de pouf, une longue draperie bleu paon, un peu en forme de domino, sur le devant de laquelle était orné un grand soleil d'or, et qui était éclaboussé çà et là d'étoiles et de croissants flamboyants.

« Vous devez être habillé comme jeudi, monsieur », dit le valet de chambre avec une certaine affabilité.

« Habillé comme jeudi ! » dit Syme en méditation. "Ça n'a pas l'air d'un costume chaleureux."

"Oh, oui, monsieur", dit l'autre avec empressement, "le costume du jeudi est assez chaud, monsieur. Il s'attache jusqu'au menton.

"Eh bien, je ne comprends rien", dit Syme en soupirant. «Je suis habitué depuis si longtemps aux aventures inconfortables que les aventures confortables m'assomment. Pourtant, il me sera peut-être permis de me demander pourquoi je devrais ressembler particulièrement à jeudi dans une robe verte partout tachetée de soleil et de lune. Ces orbes, je pense, brillent les autres jours. J'ai vu la lune une fois mardi, je m'en souviens.

« Pardon, monsieur », dit le valet de chambre, « la Bible aussi a pourvu à vos besoins », et d'un doigt respectueux et rigide il lui montra un passage du premier chapitre de la Genèse. Syme l'a lu en se demandant. C'était celui dans lequel le quatrième jour de la semaine est associé à la création du soleil et de la lune. Mais ici, on comptait sur un dimanche chrétien.

"Cela devient de plus en plus sauvage", a déclaré Syme en s'asseyant sur une chaise. « Qui sont ces gens qui fournissent du faisan froid et du bordeaux, des vêtements verts et des Bibles ? Est-ce qu'ils fournissent tout ?

"Oui, monsieur, tout", dit gravement le préposé. "Dois-je t'aider avec ton costume?"

"Oh, accroche ce truc de balle!" dit Syme avec impatience.

Mais bien qu'il affectât de mépriser la momie, il sentait une curieuse liberté et un naturel dans ses mouvements tandis que le vêtement bleu et or tombait autour de lui ; et quand il découvrit qu'il devait porter une épée, cela réveilla un rêve d'enfant. En sortant de la pièce, il jeta d'un geste les plis sur son épaule, son épée sortait de biais et il avait toute la fanfaronnade d'un troubadour. Car ces déguisements ne déguisent pas, mais révèlent.

CHAPITRE XV.
L'ACCUSATEUR

Alors que Syme marchait à grands pas dans le couloir, il aperçut le secrétaire debout en haut d'un grand escalier. L'homme n'avait jamais paru aussi noble. Il était drapé d'une longue robe noire sans étoiles, au centre de laquelle tombait une bande ou une large bande d'un blanc pur, comme un seul rayon de lumière. L'ensemble ressemblait à un vêtement ecclésiastique très sévère. Syme n'avait pas besoin de fouiller dans sa mémoire ou dans la Bible pour se rappeler que le premier jour de la création marquait la simple création de la lumière à partir des ténèbres. Le vêtement lui-même aurait suggéré à lui seul le symbole ; et Syme sentait aussi combien ce motif de blanc et de noir purs exprimait parfaitement l'âme du secrétaire pâle et austère, avec sa véracité inhumaine et sa froide frénésie, qui le faisaient si facilement faire la guerre aux anarchistes, et pourtant si facilement passer pour un d'eux. Syme ne fut guère surpris de remarquer que, malgré toute l'aisance et l'hospitalité de leur nouvel environnement, les yeux de cet homme étaient toujours sévères. Aucune odeur de bière ou de verger ne pourrait empêcher le secrétaire de poser une question raisonnable.

Si Syme avait pu se voir, il aurait réalisé que lui aussi semblait pour la première fois être lui-même et personne d'autre. Car si le Secrétaire représentait ce philosophe qui aime la lumière originelle et informe, Syme était un type de poète qui cherche toujours à donner à la lumière des formes particulières, à la diviser en soleil et étoile. Le philosophe peut parfois aimer l'infini ; le poète aime toujours le fini. Pour lui, le grand moment n'est pas la création de la lumière, mais la création du soleil et de la lune.

Alors qu'ils descendaient ensemble les larges escaliers , ils rattrapèrent Ratcliffe, qui était vêtu de vert printanier comme un chasseur, et dont le motif sur le vêtement était un enchevêtrement vert d'arbres. Car il représentait ce troisième jour où la terre et les choses vertes étaient créées, et son visage carré et sensé, avec son cynisme non hostile, semblait assez approprié à cela.

Ils furent conduits hors d'une autre porte large et basse dans un très grand vieux jardin anglais, plein de torches et de feux de joie, à la lumière brisée duquel dansait un vaste carnaval de gens en costumes bariolés. Syme semblait voir toutes les formes de la nature imitées dans un costume fou. Il y avait un homme habillé en moulin à vent avec d'énormes voiles, un homme habillé en éléphant, un homme habillé en ballon ; les deux derniers, ensemble, semblaient garder le fil de leurs aventures farfelues. Syme aperçut même, avec un frisson étrange, un danseur habillé comme un énorme calao, avec un bec deux fois plus gros que lui – l'oiseau étrange qui s'était fixé sur son imagination comme une question vivante tandis qu'il se précipitait sur la longue route vers le Jardins zoologiques. Il existait cependant mille autres objets de ce type. Il y avait un lampadaire dansant, un pommier dansant, un bateau dansant. On eût dit que l'air indomptable de quelque musicien fou avait donné à tous les objets communs des champs et des rues une gigue éternelle. Et longtemps après, quand Syme était d'âge moyen et au repos, il ne pouvait jamais voir un de ces objets particuliers – un lampadaire, ou un pommier, ou un moulin à vent – sans penser que c'était un fêtard égaré de cette fête de mascarade.

D'un côté de cette pelouse, peuplée de danseurs, se trouvait une sorte de talus verdoyant, comme la terrasse de ces jardins à l'ancienne mode.

Le long de celle-ci, dans une sorte de croissant, se trouvaient sept grands sièges, les trônes des sept jours. Gogol et le Dr Bull étaient déjà assis ; le professeur était justement en train de monter vers le sien. Gogol, ou Mardi, avait sa simplicité bien symbolisée par une robe dessinée sur la division des eaux, une robe qui se séparait sur son front et tombait jusqu'à ses pieds, grise et argentée, comme une nappe de pluie. Le professeur, dont le jour était celui où les oiseaux et les poissons – les formes de vie les plus grossières – furent créés, portait une robe d'un violet pâle, sur laquelle s'étalaient des poissons aux yeux lunettes et des oiseaux tropicaux scandaleux, l'union en lui d'une fantaisie insondable et du doute. Le Dr Bull, le dernier jour de la Création, portait un manteau recouvert d'animaux héraldiques rouges et dorés, et sur son blason un homme rampant. Il s'allongea sur sa chaise avec un large sourire, l'image d'un optimiste dans son élément.

Un à un, les vagabonds remontèrent la berge et s'assirent sur leurs étranges sièges. A mesure que chacun d'eux s'asseyait, un rugissement d'enthousiasme s'élevait du carnaval, pareil à celui avec lequel les foules reçoivent les rois. Les coupes s'entrechoquèrent, les torches furent secouées et les chapeaux de plumes furent lancés en l'air. Les hommes auxquels ces trônes étaient réservés étaient des hommes couronnés de lauriers extraordinaires. Mais la chaise centrale était vide.

Syme était à gauche et le secrétaire à droite. Le secrétaire regarda Syme par-dessus le trône vide et dit en pinçant les lèvres :

"On ne sait pas encore s'il n'est pas mort dans un champ."

Presque au moment où Syme entendait ces mots, il vit sur la mer de visages humains devant lui un changement effrayant et magnifique, comme si le ciel s'était ouvert derrière sa tête. Mais dimanche n'avait fait que passer silencieusement sur la façade, comme une ombre, et s'était assis sur le siège central. Il était drapé simplement, d'un blanc pur et terrible, et ses cheveux étaient comme une flamme argentée sur son front.

Pendant longtemps – cela semblait durer des heures – cette immense mascarade humaine se balançait et piétinait devant eux au son d'une musique en marche et exultante. Chaque couple dansant semblait être une romance à part ; ce pourrait être une fée dansant avec une caserne, ou une paysanne dansant avec la lune ; mais dans chaque cas, c'était, d'une manière ou d'une autre, aussi absurde qu'Alice au pays des merveilles, mais aussi grave et doux qu'une histoire d'amour. Mais à la fin, la foule dense commença à se dissiper. Des couples s'éloignaient dans les allées du jardin, ou commençaient à dériver vers cette extrémité du bâtiment où fumaient, dans d'immenses marmites semblables à des poissonnières, des mélanges chauds et parfumés de vieille bière ou de vin. Au-dessus de tout cela, sur une sorte de charpente noire sur le toit de la maison, rugissait dans son panier de fer un gigantesque feu de joie, qui illuminait la terre à des kilomètres. Il projetait l'effet chaleureux de la lueur du feu sur la face de vastes forêts grises ou brunes, et il semblait remplir de chaleur même le vide de la nuit supérieure. Cependant, cela aussi, après un certain temps, a pu s'affaiblir ; les groupes obscurs se rassemblaient de plus en plus autour des grands chaudrons, ou passaient en riant et en claquant dans les couloirs intérieurs de cette ancienne maison. Bientôt, il ne resta plus qu'une dizaine de flâneurs dans le jardin ; bientôt seulement quatre. Finalement, le dernier fêtard égaré entra dans la maison en criant à ses compagnons. Le feu s'est éteint et les étoiles lentes et fortes sont apparues. Et les sept hommes étrangers restèrent seuls, comme sept statues de pierre sur leurs chaises de pierre. Aucun d'eux n'avait prononcé un mot.

Ils ne semblaient pas pressés de le faire, mais entendaient en silence le bourdonnement des insectes et le chant lointain d'un oiseau. Puis Sunday parla, mais si rêveusement qu'il aurait pu poursuivre une conversation plutôt que d'en commencer une.

« Nous mangerons et boirons plus tard », a-t-il déclaré. « Restons un peu ensemble, nous qui nous sommes si tristement aimés et si longtemps combattus. Il me semble ne me souvenir que de siècles de guerre héroïque, au cours desquels vous avez toujours été des héros, épique sur épopée, iliade sur iliade , et vous êtes toujours frères d'armes. Que ce soit récemment (car le temps n'est rien) ou au commencement du monde, je vous ai envoyé à la guerre. J'étais assis dans l'obscurité, là où il n'y a rien de créé, et pour vous je n'étais qu'une voix ordonnant la bravoure et une vertu contre nature. Vous avez entendu la voix dans le noir et vous ne l'avez plus jamais entendue. Le soleil au ciel l'a nié, la terre et le ciel l'ont nié, toute la sagesse humaine l'a nié. Et quand je t'ai rencontré en plein jour , je l'ai nié moi-même.

Syme remua brusquement sur son siège, mais sinon il y eut un silence et l'incompréhensible continua.

«Mais vous étiez des hommes. Vous n'avez pas oublié votre honneur secret , même si le cosmos tout entier a transformé un moteur de torture pour vous l'arracher. Je savais à quel point tu étais proche de l'enfer. Je sais comment vous, jeudi, avez croisé le fer avec le roi Satan, et comment vous, mercredi, m'avez nommé à l'heure sans espoir.

Il y eut un silence complet dans le jardin étoilé, puis le secrétaire aux sourcils noirs, implacable, se tourna vers dimanche et dit d'une voix dure :

"Qui et quoi es-tu?"

«Je suis le sabbat», dit l'autre sans bouger. "Je suis la paix de Dieu."

Le secrétaire se leva et resta debout, écrasant dans sa main sa précieuse robe.

« Je sais ce que tu veux dire, s'écria-t-il, et c'est exactement cela que je ne peux pas te pardonner. Je sais que vous êtes le contentement, l'optimisme, comment appelle-t-on la chose, une ultime réconciliation. Eh bien, je ne suis pas réconcilié. Si vous étiez l'homme dans la pièce sombre, pourquoi étiez-vous aussi dimanche, une offense au soleil ? Si tu étais dès le début notre père et notre ami, pourquoi étais-tu aussi notre plus grand ennemi ? Nous avons pleuré, nous avons fui terrorisés ; le fer est entré dans nos âmes — et vous êtes la paix de Dieu ! Oh, je peux pardonner à Dieu sa colère, même si elle a détruit des nations ; mais je ne peux pas lui pardonner sa paix.

Sunday ne répondit pas un mot, mais très lentement il tourna son visage de pierre vers Syme comme s'il lui posait une question.

« Non, » dit Syme, « je ne me sens pas féroce comme ça. Je vous suis reconnaissant, non seulement pour le vin et l'hospitalité ici, mais aussi pour vos nombreuses belles courses et vos combats libres. Mais j'aimerais savoir. Mon âme et mon cœur sont aussi heureux et calmes ici que ce vieux jardin, mais ma raison crie toujours. J'aimerais savoir.

Sunday regarda Ratcliffe, dont la voix claire disait :

"Cela semble tellement *idiot* que vous auriez dû être des deux côtés et vous battre vous-même."

Bull a dit :

« Je ne comprends rien, mais je suis content. En fait, je vais dormir.

«Je ne suis pas content», dit le professeur, la tête dans les mains, «parce que je ne comprends pas. Vous m'avez laissé m'approcher un peu trop de l'enfer.

Et puis Gogol dit, avec la simplicité absolue d'un enfant :

"J'aurais aimé savoir pourquoi j'ai été si blessé."

Sunday ne disait toujours rien, se contentant de s'asseoir, son puissant menton sur la main, et de regarder au loin. Puis enfin il dit :

« J'ai entendu vos plaintes dans l'ordre. Et voilà, je pense, qu'un autre vient se plaindre, et nous l'écouterons aussi.

Le feu qui tombait dans le grand cresset jetait une dernière longue lueur, comme un lingot d'or brûlant, à travers l'herbe sombre. Contre cette bande enflammée se dessinaient dans un noir absolu les jambes avançantes d'une silhouette vêtue de noir. Il semblait avoir un beau costume moulant avec des culottes courtes comme celles que portaient les domestiques de la maison, sauf qu'il n'était pas bleu, mais de ce sable absolu. Il avait, comme les serviteurs, une sorte d'épée au côté. Ce n'est qu'après s'être approché tout près du croissant des sept et avoir levé son visage pour les regarder que Syme vit, avec une clarté foudroyante, que ce visage était le large visage presque simiesque de son ancien visage. l'ami Grégory, avec ses cheveux roux et son sourire insultant.

« Grégoire ! »» haleta Syme, se levant à moitié de son siège. "Eh bien, c'est le vrai anarchiste !"

"Oui", dit Gregory avec une grande et dangereuse retenue, "je suis le véritable anarchiste."

« 'Or, il y eut un jour', murmura Bull, qui semblait vraiment s'être endormi, 'où les fils de Dieu vinrent se présenter devant le Seigneur, et Satan vint aussi parmi eux.'»

« Vous avez raison », dit Gregory en regardant autour de lui. « Je suis un destructeur. Je détruirais le monde si je le pouvais.

Un sentiment de pathos loin sous terre a suscité chez Syme, et il a parlé de manière discontinue et sans séquence.

« Oh, très malheureux, s'écria-t-il, essayez d'être heureux ! Tu as les cheveux roux comme ta sœur.

"Mes cheveux roux, comme des flammes rouges, brûleront le monde", a déclaré Gregory. « Je pensais que je détestais tout plus que les hommes ordinaires ne peuvent détester quoi que ce soit ; mais je trouve que je ne déteste pas tout autant que toi !

«Je ne t'ai jamais détesté», dit Syme très tristement.

Alors, de cette créature inintelligible éclatèrent les derniers tonnerres.

"Toi!" il pleure. «Tu n'as jamais détesté parce que tu n'as jamais vécu. Je sais ce que vous êtes tous, du début à la fin : vous êtes les gens au pouvoir !

Vous êtes la police, les gros hommes souriants, vêtus de bleu et de boutons ! Vous êtes la Loi et vous n'avez jamais été brisée. Mais existe-t-il une âme libre qui ne désire pas vous briser, uniquement parce que vous n'avez jamais été brisé ? Nous, les révoltés, disons toutes sortes de bêtises sans doute sur tel ou tel crime du Gouvernement. C'est de la folie ! Le seul crime du gouvernement est de gouverner. Le péché impardonnable du pouvoir suprême, c'est qu'il est suprême. Je ne te maudis pas d'être cruel. Je ne vous maudis pas (même si je pourrais le faire) pour votre gentillesse. Je te maudis d'être en sécurité ! Vous êtes assis sur vos chaises de pierre et n'en êtes jamais descendu. Vous êtes les sept anges du ciel et vous n'avez eu aucun problème. Oh, je pourrais tout te pardonner, toi qui gouvernes toute l'humanité, si je pouvais sentir pour une fois que tu as souffert pendant une heure une véritable agonie telle que moi... »

Syme se leva d'un bond, tremblant de la tête aux pieds.

« Je vois tout, s'écria-t-il, tout ce qui existe. Pourquoi chaque chose sur la terre se bat-elle les unes contre les autres ? Pourquoi chaque petite chose dans le monde doit-elle lutter contre le monde lui-même ? Pourquoi une mouche doit-elle combattre l'univers entier ? Pourquoi un pissenlit doit-il combattre l'univers entier ? Pour la même raison que j'ai dû être seul au terrible Conseil des Jours. Pour que tout ce qui obéit à la loi ait la gloire et l'isolement de l'anarchiste. Afin que chaque homme qui lutte pour l'ordre soit un homme aussi courageux et bon que le dynamiteur. Afin que le véritable mensonge de Satan soit rejeté à la face de ce blasphémateur, afin que, par les larmes et la torture, nous puissions gagner le droit de dire à cet homme : « Tu mens ! Aucune souffrance ne peut être trop grande pour acheter le droit de dire à cet accusateur : « Nous avons aussi souffert. »

« Ce n'est pas vrai que nous n'avons jamais été brisés. Nous avons été brisés sur la roue. Il n'est pas vrai que nous ne soyons jamais descendus de ces trônes. Nous sommes descendus en enfer. Nous nous plaignions de misères inoubliables au moment même où cet homme entrait insolemment pour nous accuser de bonheur. Je repousse la calomnie ; nous n'avons pas été heureux. Je puis répondre de chacun des grands gardes de la Loi qu'il a accusés. Au moins-"

Il avait tourné les yeux pour voir tout à coup la grande figure de Sunday, qui arborait un étrange sourire.

« Avez-vous déjà souffert, s'écria-t-il d'une voix terrible ?

Tandis qu'il le regardait, le grand visage prit une taille effroyable, devint plus grand que le masque colossal de Memnon, qui l'avait fait crier lorsqu'il était enfant. Il devenait de plus en plus grand, remplissant tout le ciel ; puis tout est devenu noir. Ce n'est que dans l'obscurité avant que son cerveau ne soit entièrement détruit qu'il lui sembla entendre une voix lointaine prononcer un texte banal qu'il avait entendu quelque part : « Pouvez-vous boire à la coupe dans laquelle je bois ?

Lorsque les hommes dans les livres se réveillent d'une vision, ils se retrouvent généralement dans un endroit où ils auraient pu s'endormir ; ils bâillent sur une chaise ou se soulèvent d'un champ avec les membres meurtris. L'expérience de Syme était quelque chose de bien plus étrange sur le plan psychologique s'il y avait effectivement quelque chose d'irréel, au sens terrestre du terme, dans les choses qu'il avait vécues. Car s'il se souvenait toujours par la suite qu'il s'était évanoui devant le dimanche, il ne se souvenait pas du tout d'avoir jamais retrouvé ses esprits. Il ne pouvait que se rappeler que progressivement et naturellement il savait qu'il marchait et avait marché le long d'un chemin de campagne avec un compagnon facile et conversationnel. Ce compagnon avait fait partie de son récent drame ; c'était le poète roux Gregory. Ils marchaient comme de vieux amis et étaient en pleine conversation sur des banalités. Mais Syme ne pouvait ressentir qu'une légèreté surnaturelle dans son corps et une simplicité cristalline dans son esprit qui semblait supérieure à tout ce qu'il disait ou faisait. Il sentait qu'il était en possession d' une bonne nouvelle impossible, qui faisait de tout le reste une trivialité, mais une adorable trivialité.

L'aube pointait sur tout dans des couleurs à la fois claires et timides ; comme si la nature faisait un premier essai de jaune et un premier essai de rose. Une brise soufflait si propre et si douce qu'on ne pouvait pas penser qu'elle soufflait du ciel ; il soufflait plutôt par quelque trou dans le ciel. Syme éprouva une simple surprise lorsqu'il vit se dresser tout autour de lui, des deux côtés de la route, les bâtiments rouges et irréguliers de Saffron Park. Il n'avait aucune idée qu'il avait marché si près de Londres. Il marcha d'instinct le long d'une route blanche, sur laquelle les lève-tôt sautaient et chantaient, et se retrouva devant un jardin clôturé. Là, il aperçut la sœur de Grégory, la jeune fille aux cheveux roux, coupant du lilas avant le petit-déjeuner, avec la grande gravité inconsciente d'une jeune fille.

www.ingramcontent.com/pod-product-compliance
Lightning Source LLC
LaVergne TN
LVHW051537170726
843492LV00006B/1821